RECLAM-BIBLIOTHEK

Norbert Conrad Kaser, 1947 als uneheliches Kind im katholischen Brixen (Südtirol) geboren, wuchs in ärmlichen Verhältnissen auf und litt zeitlebens an einer schweren Nierenkrankheit. Er scheiterte mehrmals beim Abschluß des Gymnasiums, trat in ein Kapuzinerkloster ein, verließ es nach einem halben Jahr wieder, begann ein Kunstgeschichtsstudium in Wien, ging nach Norwegen, versuchte sich als Aushilfslehrer, Mauteinheber, Bergschullehrer... Mit 31 Jahren starb er an fortgeschrittener Leberzirrhose.
Zu Lebzeiten wurde kein einziges Buch von Kaser in einem Verlag veröffentlicht. Einige Texte erschienen in Anthologien und Zeitschriften; selbst vervielfältigte Gedichtsammlungen in sehr geringer Auflage verteilte Kaser an Freunde. Erst nach seinem Tod 1978 wurde Kaser »entdeckt«, fand sein Werk ganz unerhörte Anerkennung.

Norbert C. Kaser
es bockt mein herz

Überlebenstexte

RECLAM VERLAG LEIPZIG

Herausgegeben von Christian Pixis
Übertragung der italienischen Texte von Maria Fehringer und Peter Waterhouse
Mit 2 Abbildungen

ISBN 3-379-01464-8

Reclam-Bibliothek Band 1464
1. Auflage, 1993
Reihengestaltung: Hans Peter Willberg
Umschlaggestaltung: Wolfgang Geisler unter Verwendung eines Aquarells von Michael Voges
Porträtfoto des Autors: Hannelore Bachheimer
Printed in Germany
Gesamtherstellung: Offizin Andersen Nexö Leipzig GmbH
Gesetzt aus Meridien

Bert Papenfuß-Gorek

die »moewenzahl« über'm löwenzahn

»so zwischen 5 und 12«
norbert conrad kaser

das pflugschwert wuchtig niederschwingend
akut, subkutan, bumsfidel, druck machend
im anmarsch die vorboten des lyrikverbots
& der mythischen ernüchterung zöglinge
staatsnähe, müde lumme;
der eitelkeit
kopflast verzweifelt einen adäquaten sumpf
auf der einen seite & 'nen voyeuristischen
blick in die andere pleite;
stielige ricken
mit ellenlangen rücken, die sich tief bücken
zu kurz gekommen, um traurig dreinzuschauen
allzu tief hinein in die soziale korrektive
verwirrung unterlassend & ebenso verwurf
mit einfältigstem körpereinsatz voll & ganz
des abgrunds lesehilfe zu entschlüsseln
aus leibeskraft, leidenschaft, schmollens
schmacht & durst, garstigenfalls zu beantworten
mit arbeiterfaust, schreibender hand, kitt
& kleister herauszureißen aus totaler
bierfinsternis die letterngeflechte
der klampflaute;
gleiches gilt für alle
mit lall-lesungen
vor mittlerweile
einigen hundert
lyrikbeflissenen
will dahergelaufener
dichter bewiesen haben
daß kraut- & rübeninfarkt
nahezu ausschließlich durch unvorteilhafte posen
der persönlichkeit verursacht werden;

die überzahl
der anstelligen versuchspersonen, die zu beginn
der untersuchungen jene wesensmerkmale hatten
sind zum auslaufen des beobachtungszeitraumes
durch eine der menschheitsgeiseln davongelaufen
kassengewalt – kontrollobmann, bürgschaft –
landeshauptmann, kikifatz – pittiplatsch
piepmatz – drogendezernat;
kehrreim unerträglich
der zeitrechnung folgend, die stramm angezogen
knapp bemessen, revoltengebläht;
heilsschwanger
korrekt konstatierend die »moewenzahl« über'm
löwenzahn, die unsereins heutzutage verbrieft ist
»sauer gewordene milch fließt in den rinnstein«
kommentierte seinerzeit von höchster stelle
justizminister v. savigny in anderem zusammenhang
dem unter anderen umständen zunächst eine broschur
entsprang, & nach diversen pappbacken prachtausgaben
denen nun volksausgaben folgen;
es leben die lebern

PROSA

erstkommunion oder die gewaltsame begegnung mit gott

schon wochen vorher war der stundenplan mit religio n uebersaettigt um uns armen wuermern den rechten geist einzugeben. die lehrerin – eine trockene unverhe iratete person mit namen olga – mischte sich kaum in die vorbereitungen sie uebernahm nur den organisato rischen teil & ueberließ das sentimental-religioese de m dicken kooperator der umsomehr in unsren veruns icherten seelchen herumwuehlte. so recht herumwue hlte mit seinen patzigen orgelspielerfingern .. schon d amals war er fett & weichlich was ihm spaeter den na men »schmalzl« eintrug. meine mutter konnte ihn nic ht leiden er war bestimmt schwul im uebelsten sinn sa nftmuetig & demuetig von herzen mach bitte sein herz nicht gleich meinem herzen er war ein pfaff mit der vo rliebe in besseren haeusern zu verkehren. zu hassen w ar ich damals noch nicht faehig doch ich konnte es nac hholen da er mir noch oft genug ueber den weg lief..
dann die proben beim schneider. ein alter schwarzer a nzug meines stief- & naehrvaters wurde von mamma aufgetrennt die teile & ich zum schneider gebracht der hatte schwarze fette glatte haare & beim hemdkragen schauten auch noch welche heraus was ich verwunde rlich fand. in der ueberhitzten stube wurden ich & stof f vermessen .. der anzug mußte groß werden um fuer ein paar jahre feiertagsdienst zu leisten. es war anfang mai truebe tage.
in einer hoeheren klasse wurde ein gedicht eingeuebt & fuer uns geheimgehalten bis zum großen augenblick: wir haben dann sowieso nichts davon verstanden nur

einige muetter haben sich die augen gewischt. beim walde & beim mahl wurden die gezierten kerzen in die auslage gegeben auch marzipanfiguren blumen & silb erkuegelchen fuer torten .. sonst merkte man an der st adt nichts doch fast haette ich die schleifen maschen s traeußchen & weißen kleidchen in den fenstern der st offlaeden vergessen .. das ist alles waehrend es in mei nem herzen lammfromm zuging & jede kleinigkeit fue r toedliche suende gehalten wurde waehrend ich im i nnern auf die stimme meines schutzengels hoerte & di e des teufels – natuerlich war sie lockender & lauter – zu ueberhoeren versuchte. so hatte man es uns eben e mpfohlen & eingeredet. ich war auf schritt & tritt von inneren streitgespraechen erfuellt die nicht stattfande n. die hoelle war uns aufgetan worden in diesen tagen & schaudernd standen wir am rand ihres feurigen schl undes dafuer winkte am himmel eine kleine weiße sc heibe umgeben von strahlen leuchtend & durchschei nend mit den umrissen eines herzallerliebsten christki ndleins. welche marter welche pein den steinigschmal en pfad der tugend zu wandeln um endlich zur innigst en vereinigung mit unsrem gott zu gelangen ..
schmalzl war nicht aufgeregt aber er schwoll an vor st olz. zu den maedchen hatten wir keinen kontakt .. wir hatten von jeher getrennte schulen sie bei den ursulin en wir herueben in der knabenvolksschule am graben: wir sollten nun mit ihnen kontakt bekommen was nic ht eines jeden geschmack war denn es galt als voellig unmaennlich mit ihnen zu verkehren .. mir machte es nichts aus: ich war in einem schwarm davon aufgewac hsen & spielte mit puppen mich interessierte nur wer beim festlichen aufzug meine partnerin waere.
die drei letzten tage:
montag: zwei stunden religion hintereinander. wir w erden abgefragt zehn gebote die fuenf kirche ngebote Du sollst nicht begehren Deines nae

chsten weib die sieben todsuenden die gegenwart chr isti im allerheiligsten sakrament des altars Er kommt i n Dein herz Du sollst nicht toeten ich komme mir vor wie der aergste verbrecher moerder raeuber ehebrech er & suche nach suenden. die antworten aus dem kate chismus weiß ich auswendig. ich stehe da mit meinen herrlichen segelfliegerohren kann alles auf meinen du erren beinen hersagen dinge die die stegener nie koen nen & wenn genauso wenig verstehen wie ich. schma lzl hat ihnen gedroht – ganz scheinheilig versteht sich – sie nicht zum tisch des herrn zu fuehren. mich wird er hinfuehren weil ich brav bin lieber aber fuehrt er de n wasserkopf christian m. vom betuchten tuchhaendl er m. das kind und den klaus m. wo der vater in der sp arkasse ist die fuehrt er noch lieber hin. vielleicht war er eingeladen ich weiß es nicht mehr. hinten korrigiert e die nicolussi olga – noch heut koennt ich ihr die hae nde kuessen weil sie mich schreiben & lesen gelehrt – & kuemmerte sich nicht um die buttrigen ausfuehrun gen des priesters der nach beendeter ausfragerei wiede reinmal himmel & hoelle eroeffnet. ein tropfnasses mo numentalgemaelde .. die knie konnten einem einknic ken was nicht bei allen so war die weniger furchtsam en schauten hinaus zu den spatzen die in den eben erb luehten kaestenbaeumen des grabens sprangen oder s aßen. gegen ende nahm schmalzl eine schaebige blech buechse aus der tasche & zeigte eine oblate .. eine nich t konsekrierte mit der man unheilig umgehen konnte sie betasten & beruehren .. daß sich darin unser GOTT Er der erschaffer der welt verkriechen sollte war mir k ein problem .. ich war gezwungen worden mich nach dieser ungesaeuerten scheibe mit gewaschenem innen leben zu sehnen & ich sehnte mich mit inbrunst danac h & obwohl dieses schneeweiße plaettchen das durch die reihen ging noch ganz & gar unwuerdig unheilig & wertlos war hob ich die hand & sagte: »der siegfried ha

t die hostie abgeleckt«. schmalzl stellte ihn in seiner mi
lde in die ecke. ich hatte gelogen. & er fuhr fort was mi
t unserem herrn zu tun sei wenn er in brotsgestalt auf
der zunge laege. nicht beißen nicht mit der zunge zuck
en bald schlucken die augen schließen mit ehrfurcht a
n den platz zurueckkehren mit den haenden das gesic
ht bedecken & an IHN denken der nun in uns sei. eine
probe werde folgen. siegfried dachte nicht an die groß
e suende die er beging & hoerte nicht auf meine wins
elnden hoellenmahnungen sondern zerschlug mir nac
h der schule die gebeine.
ich zweifelte an der welt.
am nachmittag wurden mir beim jamnik schuhe geka
uft. solche zum hineinwachsen recht starre.
dienstag: in geistlicher hinsicht ließ man uns in ruhe.
die lehrerin sammelte butter eier & zucker ei
n weil es brauch war im kindergarten der n
eben der pfarre liegt den erstkommunikanten ein festl
iches fruehstueck mit torte & kakao zu verabfolgen. w
eiters wurden tausend lire – damals viel geld – fuer das
rahmen des kommunionbildes kassiert ein bild das u
eber die bettstatt gehaengt wurde wie ein diplom & do
rt jahrelang haengen blieb im gedenken an den tag der
vereinigung. mit feiner gotischer schrift (haar- & schat
tenstrich) fuellte die olga nicolussi in die zeilen unter d
em druck namen datum & spruch »zur erinnerung an
die erste hl. kommunion« & der glaser seyr versah all
es mit goldenem rahmen & glas. das hatten wir den it
alienischen kindern voraus .. oh wir hatten ihnen viel
voraus .. doch davon spaeter. letzte probe beim schnei
der der erste anzug meines lebens sitzt praechtig d. h.
er haengt praechtig an mir & ich bin sehr stolz. beim w
alde wird die kerze gekauft nicht die teuerste nicht die
billigste ich bin schließlich ordentlicher leute kind. bei
m koderle die obligate schleife eine aus blitzweißem tu
ell mit akkuraten falten wie mamma es liebte. beim m

ahlknecht fuenf weiße nelken: drei fuer den mittagstisch eine zur garnierung der kerze & eine fuers knopfloch & etwas asparagus als gruenzeug dazu. der tag des einkaufs & fuer mich selber fiel nichts ab keine sueßigkeit kein saeftchen in einem kaffeehaus als muesse man zwei tage nuechternen magens aushalten. war mir auch gleich ich war dermaßen in froemmigkeit getaucht daß mir nichts mehr auffiel. heimlich hat mir an jenem tag die duenne tante 20 glasspecker zugesteckt die ich morgen bei der pause gleich an reinhold des glasers sohn verlor. ich schlief schlecht in dieser nacht morgen sollte die erste beichte sein ..
& ich habe ins bett getan.
mittwoch: der vormittag verging irgendwie gespannt & war endlos. einer von uns war krank geworden & hatte damit die marschordnung des festtages durcheinandergebracht .. eben wie wir zum altar schreiten sollten. er tat mir leid denn er mußte am sonntag dann mit den italienern erstkommunion halten & das war eine schande. ich war der meinung daß ER die italiener genausowenig leiden konnte wie wir .. ihre erstkommunion war nichts rechtes. die buben hatten keine schleifen sondern armbinden & kuenstliche blumen am kragen ihre maedchen gar schleppten elendslange kleider & schleier ueber die straße & die dunklen haare schaukelten ihnen zu komplizierten locken gedreht um die ohren .. sie sahen aus wie die stegener marktpuppen die auf der wohnzimmerkredenz von arbeiterfamilien zu sitzen pflegen. zerbrechlich prinzeßlich zuckerwerk. da waren wir ein andres volk: schleifen wie generaele oder burschenschafter maedchen mit lichten zoepfchen & kraenzchen kurze luftige kleidchen die einen natuerlichen schritt erlauben. »firlefanz« war mammas meinung zum italienischen auftritt. an ihrem tag spielte die musik nicht der dekan machte ein saures gesicht als waerens seine schwarzen schafe

auf dem chor zirpten keine geigen & der baß meines v aters ließ kein kyrie heraus .. kirchlich hatten wir deut schen am tag der italienischen kinder dienstfrei. schwe inische apartheid von eltern & pfaffen genaehrt.
um zwei generalprobe & erste beichte in der pfarre. wir hatten schon ein paarmal geprobt aber ohne die maedc hen. in den baenken mußten die plaetze genau belegt werden damit jeder an seine partnerin kam. zum tause ndstenmal wurden wir der groeße nach geordnet wir f uellten je drei baenke .. des langen & breiten hatte man uns das wort »schreiten« erklaert & wir bemuehten uns redlich dem unverstandenen begriff gerecht zu werden: da schritt nun die erste bank nach vorne empfing aus l eeren haenden eine hostie aus luft schritt zurueck mit steil gefalteten haenden inzwischen machte sich in kun stvoller verflechtung die zweite gruppe auf & dann die dritte an sich waere alles gut gegangen wenn nicht der pirkl tillo gelacht haette sich dafuer von der grauen cam pidell selig ein boeses zischen & kopfnuesse einhandelt e. bei der dritten schreitprobe genuegte es dem schmalz l & er zog seine buechse heraus & legte uns oblaten auf die zunge: ich biß nicht zu zuckte nicht & daheim ange langt versuchte ich hinter den vorgehaltenen haenden das klebrige brot unbeschadet zu schlucken. es hatte sic h auf dem gaumen festgesetzt mit der zunge mußte ich s loesen & dabei wurde eine nudel daraus die endlich im schlund verschwand was mich aber entsetzte: wuer de ich morgen christus in dieser form aufnehmen? & er ließe sicher fuer diese unandaechtige & ungeschickte be handlung seinen zorn an mir aus. ich nahm mir vor noc h tausendmal vorsichtiger mit Ihm umzugehen.
meine partnerin war – man stelle sich vor – die blitzbu rgtochter. vorher hatte ich sie noch nie gesehen. sie w ohnte in einem entfernten stadtteil in dem ich nichts z u suchen hatte. eine wirtstochter sagte mamma & mar git heißt sie & ich war froh an sie geraten zu sein & nic

ht an eine von den hinterschloeßlern oder ruecksiedle rn. es tut nichts zur sache daß ich spaeter noch fuenf j ahre mit ihr im gymnasium sein sollte & in sie zumind est bis zum hals verliebt war ebenso ist es nicht wichti g daß ich sie nicht mehr riechen kann daß sie doktorin & unverheiratet ist mager & gealtert. damals mußte ic h nur zusehen beim schreiten schritt zu halten wie sie morgen eingekleidet waere wunderte mich nicht. ich hatte selber sorgen genug.

die beichte ging schmerzlos vor sich. ich wisperte mein e auswendig gelernten suenden durchs gitter. von frec hheit unkeuschen beruehrungen mit den haenden sch waetzen luegen etc. ging mein bekenntnis ... gestohle n gemordet & ehegebrochen hatte ich noch nicht .. tie re gequaelt fertig. sonne fiel in unsren stadttempel ein strahl traf meinen beichtstuhl da schob mir schmalzl n ach sueßen beruhigenden worten & dem alles erloesc henden segen ein dunkelblaues heiligenbildchen zu. e s war ein durchsichtiges wie ich sie liebte eines zum a nhauchen da rollten die sich naemlich zusammen wa s waehrend langer messen oder andachten eine abwec hslung war. »zur erinnerung an Deine erste beichte« fl uesterte er sueßlich & entließ mich.

ich ging heim weil ich es versprochen hatte & nicht su endigen wollte.

himmelfahrtstag anno domini MCMLV

ich erwachte frueh so um halb sechs draußen sonne & ich spielte mit dem leintuch (wohlweislich mit nichts a nderem) & wartete daß eine tuer ging um zu wissen m amma sei auf. die zeit verging einfach nicht .. ich hatt e keine uhr obwohl ich sie bereits lesen konnte da nah m ich großmutters neuen rosenkranz & zaehlte die ru binroten glasperlen neun- oder zehnmal immer fuenf zig & dann begann der tag.

mamma war noch nicht ganz angekleidet meine schw

ester schrie wasser war aufgestellt mich & sie zu saeub ern da wird der fratz quictschen vor freude. der nacht waechter war gegangen & die aushilfe fuer meinen vat er noch nicht da .. man stelle sich die großzuegigkeit d er firma vor: vater hatte den ganzen tag dienstfrei er w ar portier mit dienstwohnung. er schlief noch man ho erte es. der kuechenkaffee begann zu riechen monica wurde gesaeubert mehr als die haelfte von der ovomal tine ließ sie in der flasche aber ich durfte diesmal nicht den rest trinken mußte stocknuechtern bleiben auch l ebertran bekam ich keinen. es ging nun ueber mich – schon gestern in die sitzbadewanne aus aluminium ge steckt – & wasser & seife nocheinmal. das anziehen wa r nicht besonders schwer nur viel zu frueh & ich mußt e stillsitzen um keine falschen falten in die hosen zu br ingen. in langen unterhosen kam vater in die kueche er roch nach schlaf & schweiß & gestrigem wein ich hi ngegen engelgleich .. sein zerschoßner rechter arm pe ndelte gleichgueltig aus der achsel heraus. eine silbern e krawatte mit gummiband wurde an meinem hals fes tgezurrt & wenig spaeter kam der kampf mit meinen h aaren: dieser wueste strohhaufen war zur feiertagssorg e geworden. mamma richtete das verhaßte zuckerwas serhaefchen & kaemmte mich .. den scheitel auf der hi tlerseite weil es die wirbel nicht anders zuließen. wied erum stillsitzen & aufs trocknen warten bis die frisur p appig & starr wie ein brett auf meinem kopfe saß. dann wurde mir die schleife umgelegt & auf der schulter mit einer unzahl geschickt versteckter sicherheitsnadeln fe stgenagelt & am kragen die nelke. ich wars. monica w urde fuer die zeit zu frau walter gegeben die einen nar ren an der rutscheligen schreierin gefressen hatte. auc h die eltern waren gerichtet. bei der ersten kurve verl or ich die neuen schuhe .. mamma kehrte um & lief er regt um ein paar socken. am wegrand wurde der jam mer behoben & die schuhe saßen.

wir kamen zu frueh aber waren nicht die ersten. vater
ging zu den maennern & kuemmerte sich nicht um un
s. im pfarrhof flatterten die muetter wie die hennen be
sonders jene die toechterlein hatten .. ich wunderte m
ich nur daß die pfarrer einen so großen garten hatten
.. davon hatte ich bisher nichts gewußt. meine schleif
e war verkehrt festgesteckt die lehrerin nervoes & zap
prig wechselte sie um & ließ eine sicherheitsnadel offe
n die mich dann in der kirche schrecklich stach aber ic
h war viel zu fromm um daraus ein leid zu machen. till
o hatte einen tintenblauen anzug der gut zu ihm paßt
e weil er immer tinte trank klaus m. war in dezent ge
musterte graue garderobe gesteckt & der willi h. – ein
kaufmannssohn jugoslawischer abstammung der es wi
rklich nicht noetig gehabt haette – machte die große a
usnahme: mit struempfen & kurzen hosen. die maedc
hen standen bei ihrer boesen campidell & trauten sich
nicht zu ruehren wegen der weißen schuehlein wegen
der gelockten oder geleckten oder gezopften haare etc.
& da kam sie die schwarze hinterschloeßlerin als letzt
e im langen italienischen kleid mit unzaehligen ruesch
en & einem schleier & ihre zigeuneraugen waren aeng
stlich dumm & truebe & niegebeichteter haß empfing
sie. sie war sitzengeblieben & die groeßte & wuerde als
letzte in ihrer fingierten pracht hinausschleifen zum ti
sch des herrn. hoffnungslos. die stadtkapelle spielte wi
r wurden aufgestellt die hohe geistlichkeit kam im orn
at uns zu holen mit kirchenfaehnchen ministranten all
em barocken drum & dran & uns zu geleiten in den te
mpel des HERRN. der weg war wohl gesaeumt von zitt
ernd erregten muettern & weibern mit frischen schne
uztuechern die luft voll blasmusik & glocken die sonn
e schien leichter wind ich war blind & taub. ich schritt.
vor dem portal wurden wir angehalten wegen des ged
ichts das duennstimmig & unverstanden (es waer sich
er des verstehens nicht wert gewesen) zu unsren ehre

n ueber den platz flatterte. unsre grauslige pfarre war
gestoßen voll. wie besoffen ging ich den mittelgang vo
r & ertappte meinen platz den ich fast nicht fand weil
er veraendert war. die ersten drei reihen waren jetzt m
it roten tuechern ausgeschlagen & mit blumen bedeckt
die orgel schrie aus voller kehle zehn-zwoelf hintere re
ihen hatten ein zettelchen & weil ich schon immer ger
n gelesen habe las ichs: »fuer die angehoerigen« ich la
s es blind im tauben voruеberschreiten. beim gloria er
wachte ich allmaehlich weil es so lang dauerte & die d
a oben das fiedeln geigen zirpen zwitschern nicht lasse
n wollten sondern dem Herrn & uns eine unendliche l
ateinische & wie ich spaeter erfahren habe klassische k
atzenmusik herunterschickten. ich begann mit meine
n steil gefalteten haenden zu spielen: rechter daumen
ueber den linken linker ueber den rechten .. alles ueb
rige waere suende gewesen: sich umdrehen schneuze
n reden schwatzen etc.

[110575]

magdala

als unser herr JESUS CHRIST einmal beim essen war d
a kam dieses weib dessen busen der suende noch nicht
entsagt hatte & schwellte & wogte. & roch & duftete &
hatte sich angemalt wo's anzumalen war. mit entsetze
n schlugen die apostel die haende vors gesicht & schau
ten zwischen den fingern nach der frucht. nur johann
es nicht. der war zu jung & seine nase oeffnete sich wil
lig & die augen nicht weniger bei all dem klimpernden
schmuck den sie da hatte & schwang. der herr kaute w
eiter am schoepsenfleisch & judas schaetzte aus den fi
ngern heraus & auch an ihnen ab was sie wohl an wert
am leibe trug & ob sie's wohl beizeiten der kirche verm
achte. als das weib unsern JESUS anging & gar ihn ber

uehrte war der luegenpetrus so entsetzt daß er glatt di e haende vom gesicht nahm um faustdick zu helfen. u nser herr erwiderte dem weib mit einem kuß da fiel si e hin weinte & sprach:

»menschensohn! in den furchen spalten & huegeln meines leibes ist ungesaettigt's feuer von tausend teuf eln!«

sie rennt hinaus wie besoffen & in einem feinverzierte n beutel bringt sie zeug zurueck. eine heerschar von fl aschen salben essenzen waessern & farben & leert alles ueber unsern herrn der da stinkt als waer er unter die huren gefallen. die ganzen heiligen apostel sind starr & nur johannes sperrt weiter die augen auf. da sagt der h err ganz leicht:

»wisch uns ab«

& sie entflicht ihre zoepfe & saeubert mit dem haar de n herrn den boden & sich auch.
friede kam in sie
judas allein bedauert
den erloes
aus ihrer verschwendeten
parfuemerie.

antholz 220276

kaelte wem kaelte gebuehrt

alle meinen sie der metzger sei kalt oder der henker de n's schon nimmer gibt oder der diktator der sehr herzl ich sein kann. kalt meinen die scheinkranken sei der a rzt der moerder erst recht & sind doch alle so voller gef uehl.

kalt ist nur der stein im kalten wasser des bergbachs.

020376

eine zahme kraehe moecht ich Dir sein im koernerleer
en winterfeld der schnittigen kaelte ausgesetzt auf hart
em schnee meinen durst stillen mit kristallen des rauh
reifs an den erlen laengs der dampfenden rienz. ein za
hmer vogel ebenschwarz & kein nachtmahr aber aus
schlampigem nest die weisheit der hundertjaehrigen i
n mir & ohne sang. liebes schnarrte ich Dir zu in den k
lauen gefrorenen dung. groß stelzte ich auf dem weiße
n feld vor Deinem haus & von weitem gewahr ich den
jaeger. wenn ich auffliege dann weißt Du kommt er de
r fuer meine fueße gezahlt kriegte Dein freund im ver
haßten loden
allein ich bin zu klug um grau zu werden so klug daß
ich nur zu Dir lieb bin einzeln wie ich .. was soll er mir
denn der winter kommt da ich auf seinem grab in den
strohblumen hacke. ich eifere nicht warten kann ich
denn Du wirst alt & knarzend wird mein trost sein wie
des rostigen wetterhahns lied: den stock wirst Du nim
mer heben dann weil Du ihn selber zur stuetze brauch
st & mich nicht verschrecken als waers Dein gewehr je
tzt noch jaegerbraut: zeit kommt Du bist mein & die l
achhafte vogelscheuche wird Dir im garten umfallen
weil Du nichts mehr zu pflanzen hast. Dir werde ich ga
nz fremd sein den halbblinden augen ein dunkler bew
eglicher punkt auf starr weißer flaeche eines noch wer
denden winters.
erwarte nie daß ich mich auf Deine schulter setz
traulichkeit ist nichts fuer meines-gleichen

030276

stadtstiche

glurns

gegen die kriegsluesterne luthrische schweiz als bollw
erk gedacht & vom papier aus gebaut. dreckig wie kein
e unsrer tiroler perlen besonders im fruehjahr wenn d
as gemisch aus faulem schnee kuhmist & wasser auf de
m staedtischen pflaster rastet. ansonsten ist g. recht lie
belich von schmugglern bewohnt umfriedet & schwac
h besiedelt. die lauben kaum mannshoch weil muren
den boden aufgefuellt haben beherbergen eine handv
oll handwerker & in den boegen fein aufgeschichtetes
kleinholz. es rauscht der brunnen. das leben wie ein ei
ngeschlafener fuß. in der gaststube buegelt ein einsam
es weib. schwarzhaarig eine echte mit jenem rollende
n zungenschlag & all den fallfehlern (die heiße liebsch
aft zum dativ) die dem vinschger eigen sind. die gescha
eftigkeit liegt brach .. oft ein auto das durch die lachen
spritzt: hindurch schweiz zu schweiz her. vor dem tor
liegt die kirche als leichte beute den raeubrischen eid
genossenhorden. vorbeie zeiten. in der historie hat es
g. nie ernst genommen eine festung zu sein. das nachtl
eben geht im eigenen bett vor sich: kinder werden we
nig erstellt. außerhalb der mauern weidet vieh auf su
mpfigen boeden der bach ist gefuerchtet eine allee beg
leitet den wanderer. die maenner arbeiten auswaerts. i
n den gaertchen an der mauer haengen ihre socken &
eine alte jaetet. gaense scheißen. das ist g. von allem v
erschont von schweizern fabriken zukunft selbst vom
wind einwenig. drei gassen drei tore stattliche stadt mi
t einem halben adler im schild.
in den jaemmerlichen erdkundebuechern unsres land
es geistert g. als kleinste stadt der welt die kinder sind

gebeten sich das in ewigkeit zu merken. in tiefster err
egung & empfindung steht man vor diesem denkmal d
er beschaulichkeit & bescheidenheit. ein bilderbuch m
it eselsohren abgegriffnen seiten … fuerwahr. kein m
useum: es fehlen bis auf tuerme & tore die schaustuec
ke & vitrinen bis auf jene des allroundladens worin de
r uralte geruch von welscher wurst (= mortadella) von
kaese waschpulver sueßzeug etc. mit neonlicht & steri
litaet versetzt ist. von haarkluppen zum sacktuch uebe
r wuerflige mohnbonbons im obligaten glas alles: batt
erien schraubenzieher kuebel fuer den staedtischen b
edarf & der ist nicht groß. eine zweite vitrine laeßt ein
blick in die bar & ihre exotischen immergruenen niebl
uehenden schlampig abgestaubten topfpflanzen wohi
nter maenner kartenspielen & geheimzeichen auf ein

malen .. reste aus der zeit wo lesen & schreiben
noch nicht jedermanns kunst war. auch hier be
ste mundart suedtiroler slang. ein baum ein großer
baum der stadtbaum draußen. g.

04/060475

meran

Du gutes bundesdeutsches altersheim Du feingliedrige
braut des suedens & schon rentnerin mit magnolien ge
ziert bestueckt mit florierenden hotels & auch mit nic
ht florierenden mit baedern zum wucherpreis einem b
ronzehofer vor dem klassischen bahnhof. Du hast alles
liebes meran wonach Dir der sinn stand & steht besun
gen von großen & kleinen poeten … herberge fuer kaf
ka & morgenstern & benn usw. Deine lauben sind ein
froehlicher kreuzweg fuer trinker & saeufer. Du bluet
enmeer die aepfel traubenkur kastanien – genau dazw
ischen hagelraketen & fette zuschuesse fuer die erschl

agenen großbauern. weiters Dein exhibitionismus mit rennpferden rennbahn trachtenkapellen (geliehene n atuerlich) & eben so gelieh'nen baendergeschmueckte n haflingern alles dem ausgebeutelten gast zulieb.
das gute wird nun gutgeschrieben: unverkaeuflich ist bisher noch die gute luft mit kneipen bist Du redlich v ersorgt Deine jungen weiber sind schoen & einen beis chlaf wert die arbeiterschaft ist wehrhaft & zornig (paß t nicht so recht ins stadtbild) kirchen gibt es nicht zuvi ele ein paar adelige die ihren schmuck schon lang vera eußert haben dann ein luthrisches gotteshaus & sogar juden was Dir liebe stadt ein exotisch tolerantes gepra ege gibt. treffliches bier wird knapp außerhalb der ma uern gebraut. nicht weniger lobenswert ist Dein archit ektonischer kitsch aus kaisers zeiten. bewahre ihn wo hl!
bei einem haar haette ich die einmaligen pflanzenskul pturen aus vergewaltigten blumen vergessen & hinter verwachsenem gartentor haust in stille Euer maler l. s. stecher. ab & zu platzt halt wieder eine gasleitung dan n faellt Euch wieder ein kran auf den Kopf .. aber das ist schon lange her. wer ganz nobel speisen & freundli ch bedient werden will geht in die hennenroesterei wi enerwald. bei Euch ist eigentlich alles schon lange her … seit 1418 landeshauptstadt a. D. & zum nikolaus fei ern besonders die kinder. aus der lehrerbildungsanstal t schwirren frisch gemachte maedchen um das ganze l and schulisch zu bereichern. im »koenig« lassen sich s uendteure schleckereien verzehren. der wappenstreit i st beigelegt & der tiroler adler krallt sich wieder an den richtigen zinnen fest. rundum schloesser. wollt Ihr me hr?
& die promenaden von dieben paerchen huren & gaest en bewandert & die passer mit ungestuem singt dem b undesdeutschen altersheim ihre lieder.

brixen

motto I.: im suedlichen tirol
wo die trauben beg
innen liegt das liebl
iche b. das stadtbild
beherrschen priest
er & schafe ...
(anonymus 19.jh.)

motto II.: brixen war die zweite groeßere stadt
tirols, wo ich einkehrte. sie liegt in ein
em tal, & als ich ankam, war sie mit d
ampf & abendschatten uebergossen. d
aemmernde stille, melancholisches gl
ockengebimmel, die schafe trippelten
nach ihren staellen, die menschen na
ch ihren kirchen; ueberall beklemme
nder geruch von haeßlichen heiligen
bildern & getrocknetem heu.
(heinrich heine – italienreise)

warum nur warum hast Du mich zur welt gebracht? g
erade Du? verstoert bimmelt die ladenglocke & ebens
o verstoert schleift ein ladenmaedchen von ihrer strick
arbeit daher »nein pergament fuehren wir nicht ach p
ergament jenes durchsichtige papier nein ist nicht me
hr da« »danke« das maedchen schleift zu seiner haek
elei zurueck in den hinterraum die tuer klemmt die la
denglocke bimmelt jetzt jaemmerlich .. ich habs imme
r schon gesagt »b. verschlaeft sogar den weltuntergang.«
warum mußte ich mich von nonnen im jahr 47 verpae
ppeln lassen so daß ich tagweis in nassen windeln lag
& dafuer zu dem gerippe wurde das ich noch heute bin
waehrend die frommen himmelshennen die lebensmitt
el unterschlugen die meine eltern lieferten. privatsache.
klammer geschlossen!
es geht der boese spruch um der da lautet: geh in b. ue

ber den domplatz begegne keinem priester moench o der klosterfrau & Du hast einen vollkommenen ablaß gewonnen.
die zeiten sind vorbei der fuerstbischof hat sich verdru eckt ohne allerdings seinen haushalt vollstaendig aufz uloesen .. verblieben sind die reliquien verblieben die kloester eine katholische stadt fuehrwahr mit dem sch oensten museum des landes & rundherum ein kranz v on weindoerfern. den neustifter sylvaner sollte sich de r papst einlagern. lassen wir den kirchlichen teil. im su eden waechst eine zusammengebastelte industriezone heran mit dem pionier durst. pionier ist gut gesagt das ist schon edelklasse verbrieftem adel entstammt er nic ht aber fotografiert wird ohne ihn kaum. es nimmt mic h wunder daß b. trotzdem so schlaefrig ist: die geburts raten gehen zurueck selbst die geistlichen herrn nehm en nur an gewicht & nicht an anzahl zu .. & jeder wink el steckt voller geschichte: der mann aus kues papst da masus II. 1080 ein kleines konzilchen bei dem der kais er karten gemischt hat ein kreuzgang ohne fehl & tad el – brixen eigentlich gehoertest Du gekueßt .. inde s: schlafe weiter friedlich mit pfaffen & schafen schließ lich hast Du ja ein lamm im wappen & mich den ersten schrei tun lassen.

norbert c. kaser
geb. 1947 in brixen
flaas 051075

bozen

betuliche betuchtheit der maezenatischen kraemersee len. b. ist der sitz fuer alles & der stundenplan der aemt er wird so unterschiedlich abgesessen daß dem mann aus sexten langtaufers oder pfitsch mit seinem stempel papier der lauf der behoerden zum spießrutenschleichen wird. um den verdiplatz herum & auch darauf werden frische sarner buben verdorben in einigen nobelkneipen biegen sich die stammtische reaktionaerer unverbesserlicher weltverbesserer das vogelhaus hat spruenge & ist sitz fuer vielerlei waehrend die kathedrale der sitz des allerheiligsten herzen jesu ist. der verkehr rauscht es rauscht das rauschgift die talfer mit liebendem volk auf dem rasen des bettes: dorn im auge des keuschen zuechtigen X. untergrund lichtscheues gelichter nur halbhoerig von der kaufmannschaft hingenommen. ein sommerhaus am ritten den geplagten geldscheffler n wenn der porphyrkessel in sommerlicher glut erstickt. b. ist dafuer im winter saukalt & meistens schneefrei. verkehrsverbindungen nach ueberallhin. flugplatz. hohe streikraten aber das trifft eher die walschen. das grausame krankenhaus mitten in den krach des zentrums gesetzt & in moritzing das leere monster. von hier aus wird regiert: diktatur der hauptstadt nicht nur des athesiakonzerns wegen diktatur in allen zipfeleien. hier befuehlen mit zarten fingern beamte die tauglichkeit der zuchtstiere hier vollzieht sich postenwirtschaft & kuhhandel mit dem menschenpotential des heiligen landes hier wird das volk vertreten & getreten verschaukelt vergaukelt verraten & fuer 30 silberne fuenfhunderter verkauft. hohe preise stehend im hundedreck vor altargleichen gemuesestaenden. preisverleihungen jeder sorte. januskopfkultur: hie welsch hie tuetsch. bilingustisch ausgerichtet. messe im enzianzeichen danach konzert unsrer gefiederten freunde & hockey. laubenkoenige laubkoenig aufgeblasene laubfroesche hinter schreibmaschinen laubfroesche bespeien urnen (= symboltraechtiger bahnhofsbrunnen). advokaten winkeladvokaten steuereintreiber verbrecherhatz superkonkurse kaufhausrolltreppen unterfuehrungen verfuehrungen verschuldete verkehrsbetriebe & andere auch. industri e mit blauen flecken versickerte gelder goldener boden. gewalttaetigkeit der schloesser rundherum & faschisti scher stein(zeit) in der mitte. gewalt der kultur im seel enbraeu der rai. sophia haucht ihr frauenherz aus. wal ther von geistigen schnorrern bedraengt findet in sein er mutmaßlichen heimat keine ruhe nicht mehr … b.

finem posui 151275

sterzing

Du liebes sueßes fuggerstaedtchen wie haben wir doch zotig Deinen lateinisch-italienischen namen verballho rnt wir von der autobahnmaut mit unsren plattfueße n. »fick-i-de-no« – »fick-i-Di-a-no«. wie kann man nu r eine suedtiroler stadt so verschweinern aber immerh in hat st. doch zwei obskure einrichtungen einmal sch anghai mit dem nachtleben aller waffengattungen & das sagenhafte moos als jungbruennlein fuer vertrock netes weibervolk. gegen suende wurde tirols groeßte k irche ins moos gebaut & wenn das grundwasser etwas hoch steht kriegt man nasse beterfueße & die leichen s chwimmen mit den saergen in den graebern.

das mit den italienern ist in vipiteno ueberhaupt so ein problem denn die grenze ist nahe & zoellner zuhauf u nerbittlich & bestaendig pfeift wind der eisack waechst. aus dem sueden kommt hier chianti in den handel. d aran ist nur das gruene glas echt & das stroh rundheru m & aus dem großen innsbruck kommt fieses subprol etariat auf einen sprung sich großprotzig einen rausch ansaufen zu randalieren & mit wein wieder die grenze zu nehmen … womoeglich mit einer unsterblich kitsc higen schlafpuppe im bauschigen tuellkleidchen fuers heimatliche kanapee. die nordtiroler sind ein ekel die

sterzinger sind schlitzohren & wissens mit wechselkur sen zu nutzen. in manchen kneipen spielen abends die zigeuner so lang sie geduldet sind. hier vertritt sich der fremde erstmals auf landesboden die fueße & viele lass ens dabei bewenden in italien gewesen zu sein denn i mmerhin ist hier alles zu haben was der sueden herzu geben hat: aus st. selber ist nichts aus murano glas flor entiner leder …
im beschaulichen winkel steht der stein des stierblutru enstigen mithras auch er nicht von hier. das museum i st muede wie sein hueter dem man laeuten muß. dem nepomuk fehlt der brunnen. wundrig stecken die erke r ihre nase in die straße. das essen ist teuer & heißt nic ht viel wie der groeßte lebende sohn der stadt (vogelw eiderpreis).
ein frommes maennlein humpelt in des adlers schatte n. der bahnhof liegt bereits in einer andren gemeinde. ueber dem spital das wiederum im moos zu finden ist liegt edler geist der ritterorden … sumpfgras & butterb lumen. den kapuzinern ist ihr kloster zu groß geworde n: einstens staehlten sie hier in der rauheit des wetters ihre schwindsuechtigen kleriker. enzensberggarten zw oelferturm buergersinn knappen im halbduster der ges chichte gaismairspuren. soldaten wirte haendler .. frie dliches volk – raufer sinds keine aber freunde des trae chtigen roßkopfs. vermarktet wird alles & nimmer keg eln die knappen mit goldener kugel.

260775
270775
161275

anhang: uebersetzungshilfe fuer notorische dolomite nleser

da es dem zarten stilistischen gefuehl unsere s »politisch-kirchlich-unabhaengigen parteil osen« tagblattes ein greuel ist die dinge beim rechten namen zu nennen fuehle ich mich d er lesermasse gegenueber verpflichtet (gesetz t der fall sie haette unsre staedtenamen im a nfall von schoengeisterei vergessen) aufklaer ung zu geben. da gibt es als erste gruppe die f lußstaedte: talferstadt (= bozen-bolzano) pas serstadt (= meran-merano) & rienzstaedtche n (= bruneck-brunico) als zweite die die etw as mit kunst zu tun hatten oder zu haben sch einen: duerer- oder kuenstlerstaedtchen (= k lausen-chiusa) & pacherstaedtchen (= brune ck-brunico) es folgt das erzdeutsche (?) fugger staedtchen (= sterzing-vipiteno) die kurstadt (= meran-merano) die bischofsstadt (= brixe n-bressanone) die landeshauptstadt (= boze n-bolzano) & schließl. das kleinste staedtche n suedtirols (= glurns-glorenza). danke!

klausen

fuer helmut aster †

noch war es nacht da beutelte es einen noblen herrn a uf dem fuhrwerk zwischen faessern & saecken hin & h er. verschlafen lag das loch & sperrig an dessen ende di e kapuziner bereits betend munter waren. der fremde hoerte stolz stehend bei ihnen die messe dann zog er a n der pforte die glocke. er war bis auf die halskrause in die ein schwarzer spitzbart stach ganz schwarz & die e ngen hosen wiesen ihn sehr als mann aus. aus dem ae rmel zog er ein stueck pergament & uebergab es mitsa mt einem unfoermigen kasten dem bedaechtigen pfoe rtner. es waehrte einen rosenkranz bis der wiederkam & den mann ins innere bat. ins kastenfutteral war edl es kirchengeschirr gebettet & auf dem pergament stan

den grueße vom fernen bruder gabriel. den spanier be hielten die patres so lange als gast bis er nach stockfisc h roch.
auf einem steine saß ein mann die beine uebergeschla gen den kopf in eine hand gelegt & darueber fiel sein l anges welliges haar. er sinnierte dachte diesen spaeten fruehling zu ende nahm aus dem lederbeutel sein zeic henzeug skizzierte warf aufs papier tat recht genialisch … zu seinen fueßen lag das eingeklemmte juwel des mittelalters das gerade beim ausklingen war. oben das genie am werke unberuehrt von ihm unten die bauklo etzchenstadt die sich einen pfifferling drum scherte nu r sein gefolge & das protzige getue hatten wirbel gemac ht in den gasthaeusern besonders. da auf dem stein ha t er frieden bis ihn ein paar rotzbuben mit kirschkerne n gezielt bespucken & verjagen.
stockdunkle nacht war es so finster daß sogar die kap uziner tief schliefen zwischen prim & sext. da sprengte ein roß mit geklapper vors kloster einer sprang ab hae ngte sich reißend an die glocke fluchte gottserbaermlic h. das schlaffe schlurfen der paternschlapper auf dem gang klang mit fleiß recht langsam & die kuechenlatei nische grußformel des bruders war ein stachel mehr i m zorn des wilden reiters. in seiner scheißkalten zelle zitterte vor erregung der pater mit der spitzen nase sei ner gsieser sippe & dem fuchsigen bart aus der kapuze heraus. das konnte nun dauern die franzosen fackelte n nie solang das konnte nun dauern bis der guardian geweckt den segen gespendet die erlaubnis gegeben. sc hlafend mußte er sich stellen bis er gerufen wurde geb etsfetzen soldatengeschrei zerriß ihm den schaedel – e ndlich – er wetzte kuttenflatternd davon einen eisigen weihwassertropfen auf der gluehenden stirn ein roß v orm haus drauf warf er sich auf & davon das land war gerettet.

221275

bruneck

wie bist Du mir traurig & fremd geworden in diesen let zten jahren wo ich jedes haus in Dir kannte wußte wer mit wem darin schlief was er aß. weinend wuerd ich b eim lacknerfuhrwerk die bremse zudrehen den russen roessern klebrigen zucker geben warten auf die hauser muchkuehe in der unterstadt & einen mitschueler in d ie frischen fladen schupfen oder noch oefter hineinges chupft werden. auf dem schloßberg ließe ich mich in d ie nesseln werfen nach verlorener schlacht aber nicht wie tillo vom hinterschloeßler den hintern mit schrot vollschießen. friedels erhobenem stock & seiner spuck e wuerde ich nicht ausweichen...
in die wieren faellt kein kind. unter tiefem stadtdreck sind die sandgrubenerdbeeren erstickt in die felder hae user gewachsen statt erdaepfel & am sonnigen hang sit zen die reichen waehrend die aermeren ihr haeuschen wie fliegendreck in die joergener wiesen pflanzten. in der hoelzernen schwimmschule wurde schwimmen & onanie gelehrt & klappernd blaulippig gezittert...
durch die tore schiebt sich welsches- & germanenvolk in ausfaelligen kleidern & freie hunde sollen erschosse n werden. vor dem gericht flattern europaeisch tuend fremde fahnen & die marinerlaube ist reinzuhalten. ru higer schlaf ist nicht mehr gewaehrleistet seit sie den n achtwaechter zum straßenkehrer gemacht...
viele sind noch bei leben zB. die die mir das schrei ben beigebracht & es lieber nicht getan oder der baron der mir anhand von kuh & stier das werden des lebe ns erklaert oder der grobe gemeindearzt .. aber lass en wir das: noch fuehren ein paar brunnen wasser no ch entfaltet auf dem thingplatz der stegener markt ge schrei huehneraugenwundermittel & rotarschige affe n noch erkenne ich das gesicht der stadt das profil der kirchtuerme zinnenbewehrten haeuser & des waste

ls dritte ausfuehrung steht – welche kunst – schreite nd…
ach die gedenktafel ist mir zu lang geworden & reicht mir von der paternkathl & dem eignen großvater uebe r den larisch zum radmueller hans & die lebendigen si nd meist zugewandert & niemand weiß wes vaters kin d sie sind. das professorengesindel quaelt vermehrt ein namenloses heer loser oberschueler & auf dem graben waelzen sich horden verhinderter schifahrer gerade au f dem graben wo wir unsre eisschleifen hatten & die sp ecker rollten oder roßkastanien nunmehr verschnitte ner baeume. frieden ist gerade noch auf den wegen wa ldheim zu oder lamprechtsburg wo es einstens maibutt er gab. viel bruneck ist im waldfriedhof dessen laerche n entflammen wenn es an der zeit ist der helden zu ge denken bis die naegel vor kaelte wehtun & der dekan seine unpassend ungeschickte predigt fertig hat…
kommerzialisiert ist jedes fest & die schwaden von feu erwehr- musik- oder sonstigen gedenkbrathuehnern s tinken in die klosterkirche. die korrespondenten der b eiden großen tagblaetter sitzen angefadet in den bars. die milch ist gesundheitsstrotzend & salmonellenfrei. d er vizebuergermeister ist weiß wie kulturbeflissen das stadtoberhaupt selber endlich wieder ein echter brune cker interessenvertreter ..
was weiter? unendlichs gaebs von Dir allein ich warte bis der staudamm bricht & Dich vertraegt samt mir.

271275

trento

città ben conosciuta da noi giovani maschi che non ab biamo altro ricordo di Te che essere toccati da mani ita liane ai coglioni per poi esaminati come tori essere abil i a portar l'arma in onore di terra non amata. ma di qu esto problema fondamentale ci si accorge con nostalgia a palermo a non so dove di trento invece rimane la sol a felice rimembranza di aver fatto una bella gran balla essendo ufficialmente maturi di corpo essendo un mas chio e con questo pezzo di carta in tasca che ce lo attest a noi irredentisti sudtirolesi ci mettiamo in testa un cap ellino di seta sintetica fatto negli odiati tre colori. di t. poco: la caserma la noia dell'aspettare il vino troppo pe sante il nostro malcomportamento in stazione e in tren o.

lasciamo perdere perchè questa non è trento. t. è pign ola nell'essere italiana è pignola perchè era austriaca o vvero tirolese è un pò lenta perchè un pò fuori dal mo ndo. assai religiosa e conservatrice con una specie di u niversità che finora non ha funzionato perchè è senz' altro troppo moderna. t. è lenta avara e fanatica nell'o dio nazionalistico, è avara nei sentimenti lenta negli at teggiamenti commerciali ma sveglia nell'accumulare fi orini in calza. le traccie di una storia considerata di for mato internazionale sono poche e scarse l'orgoglio del cittadino invece è assai diverso .... e un pò ci si vergog na dei cappelli biondi degli occhi grigi che stanno mal e con gli uccelli del bosco appena mangiati nel ristoran te della FORST. anche la vita cittadina è scarsa e dettat a da parsimonia che può essere una virtù .... e subito si richiudono perchè al colpo si accorgono che vieni da l nord sotto la quale egemonia gli pare di aver sofferto per troppi centinaia.

l'inverno è severo da loro ed esprime il carattere della città: nell'aria limpida tagliante qualche caco estende i suoi rami nudi con qualche palla tonda immatura ed a spra di color polenta mentre nel buio dcl duomo che vi de qualche seduta turistica d'un concilio importante s onnecchia sotto una bella pietra un condottiere nostra no. ed è importante 'sta pietra perchè la raffigura con una bandiera spezzata caduto combattendo per venezi a. onore a chi onore va. anche a trento.

270576

trient

wohlbekannte stadt uns jungen männern die wir keine ande re erinnerung an Dich haben als daß uns italienische hände an die eier griffen dann wie stiere untersuchten daß wir taugl ich waren die waffe zu tragen zur ehre eines ungeliebten lan des. doch dieses grundsätzliche problem wird einem mit weh mut in palermo oder sonstwo bewußt von trient dagegen ble ıbt nur das glückliche andenken an den gewaltigen rausch w eil wir amtlicherseits körperlich reif waren weil wir ein man n waren und mit diesem zettel in der tasche der es uns bestäti gt setzen wir irredentistischen südtiroler uns einen hut auf d en kopf aus synthetischer seide aus den drei verhaßten farbe n. von t. wenig: die kaserne die langeweile des wartens der zu schwere wein unser öffentl. ärgernis auf dem bahnhof und im zug.
lassen wir das denn das ist nicht trient. t. ist pedantisch in sei nem italienischsein ist pedantisch weil es österreichisch d.h. tirolerisch war ist ein wenig träg weil ein wenig abgelegen. zi emlich religiös und konservativ mit einer art universität die b is heute nicht funktioniert weil sie natürlich zu modern ist. t. ist träg geizig und fanatisch im nationalistischen haß ist geiz ig mit den gefühlen träg beim geschäftemachen aber rege we nn es darum geht die florine in den strumpf zu stecken. spur en einer geschichte die internationalen rang beansprucht sin d wenige und spärlich der stolz des städters hingegen ist ein ganz anderer .... und ein bißchen schämt man sich der blond en haare der grauen augen die schlecht zu den waldvögeln p

assen die man gerade im FORSTbräu gegessen hat. auch das städtische leben ist spärlich und bestimmt von sparsamkeit di e eine tugend sein kann .... und sofort verschließen sie sich weil sie plötzlich merken daß du aus dem norden kommst un ter welcher herrschaft sie zu viele hundert jahre gelitten zu h aben meinen.
der winter ist streng bei ihnen und ausdruck des charakters d er stadt: in der klaren schneidenden luft reckt manch ein kak ibaum seine nackten zweige mit manch einer prallen unreif en bitteren polentafarbenen kugel während im dunkel des d oms der manche zu einem wichtigen konzil versammelte tou ristenschar gesehen hat unter einem schönen stein ein unsri ger feldherr schlummert. und dieser stein ist wichtig denn er stellt ihn dar mit einer zerrissenen fahne gefallen im kampf u m venedig. ehre wem ehre gebührt. auch in trient.

270576

innsbruck
(stadtstich IX)

dem paul flora zu ehren

die hauptstadt steht zu diensten & der steinerne brette rzaun der nordkette zermalmt jeden weitern horizont. rauchiges kcha in der kehle unflaetige grobheit auf der zunge & gamsbaertige praepotenz hinterm hosenlatz in den spitzen schuhen & den geschmalzten haaren. di e gastlichkeit ist seit jahrhunderten die gleiche: olymp ische preise & kchredit kcheinen auch wenn er des kch aisers ist was max so veraergert hat daß er sein grab le er hinter sich ließ. dafuer in einer nacht- & nebelaktio n gefladerte knochen des großen suedtiroler guerillero s in der heiligen kirche. trauerflor an seinem wimpel. t rauer um suedtirol allenthalben an waende geschmier te freiheit wohl eher trauer um reichtum & wein ... fre iheit den geknechteten welche freiheit: schwaerze in s chwaerze getunkt? in schwarzen rinnen fließen geld &

kultur den unterentwickelten bruedern zu. in den bei den bordellen vergessen dafuer unsre musikanten & sc huetzen insignien & instrumente nach dem requiem f uers gespaltne land.
der inn gruent. das rundgemaelde ist rund. die tram ro tweiß. das essen selten gut. der kaffee scharfes waschw asser. guelden ist ein dach & ueber nacht werden die g artenstuehle an die kette gelegt. der buergermeister bl eibt sich gleich. die unterwelt hat ihre dimension & ho etting unverdienterweis ein schlechten klang. unverh ohlen ist der haß gegen fremde dreckarbeiter. warmer wind macht lahm. mit schiern kommen die innsprugg erlen zur welt & kchraehend. kurioses ambras oder ho fburg & der kaiserin ihre 16 kinder. ferdinandeum als waers ein stueck von uns & nicht weit davon an holzg eistern das gewand des alten tyrol & ratzekahle museu msstuben. philippine ach philippine in dieser rauhheit hat Deine liebe geblueht. aber schließlich warst Du ba nkhaustochter & silbern ist Deine todesstatt.
persoenliches: ein onkel von mir liegt begraben ein ve tter dabei – zu jung – literarisch das ers temal gelobt bin ich worden bei den ab gewuergten jugendkulturwochen das erstemal haerters zeug geraucht hubsc hrauber geflogen .. so stuenden die din ge. in der lizum ein schah mit warmen fueßen – ich mit erfrornen – die englisc he liesl auf dem rennweg brrr so stuen den die dinge ungeliebter steinhaufen nur offen den winden flachshaariger r upfener teurer in jedem sinne. ich mu ß Dich lassen.

210477
neue verbesserte auflage vom 100577

nachwort (fragment)

endlich ist es ausgestanden & als klammern umschlie ßen innsbruck & trento die sieben suedtiroler staedte e ndlich ist mein heimatliebends herz verblutet & bitter nis & galle ausverkauft … ich war mir zu wenig boesar tig & treu. zum teufel treibts mich genau zu ihm denn mein lieber boden will mich nicht mehr tragen & kein e trotzmauern wollen mich umfangen. sieben perlen s trotzen im flutlicht des fremdenverkehrs & wie maulw urf maus & ratz verkriecht der buerger sich der handw erksmann nur fett & feist im sonnenlicht der guten ga ssen steht der wirt …

090577

die aepfel des herrn Cozzi

herr C. hat schmale haende die flink mit dem messerchen umgehen wenn der apfel seziert werden soll. ohne verlust & verletzung schneidet er das gehaeuse loest das fleisch & belaeßt die haut. & ißt.
herr C. ist ein aelterer mann der fuer sein leben gern aepfel ißt und nicht nur ihres erfrischenden geschmacks wegen um der gesundheit willen oder wegen ihrer form oder gar weil diese frucht mythologisch belastet ist. er liebt sie einfach so.
C. mag seine lieblinge instaendig & immer. die kleinen angefaulten angestochenen wurmigen die gefallenen die prallen gelben gefleckten gestreiften gesprenkelten gedoerrten prallen roten vollmondigen die grasgruenen braunen. einen stiel muessen sie haben. genuegt ihm.
herr C. ißt sie notfalls als kompott in teig herausgebacken gerieben als mus bereitet … auch wenn dieses graubraun wenig mehr vom apfel an & fuer sich hat. bleibt der saeuerliche geruch mit zitrone verstaerkt wie eben gespruehter autolack.
bei lederaepfeln – so selten geworden wie erdbeertrauben & herr C. selber – schließt er die augen. die grobe schale das braun alter wildlederschuhe die sproede. ergriffenheit griffigkeit zwischen kuechenkaffee & kapuzinerkutte kindheit, schlaege …
herr C. sammelt auch aepfel. niemals koennte er alle vertilgen so stapelt er sie zwischen den doppelfenstern seiner kammer im abstand von praezisen drei millimetern taeglich einmal umgestellt nach farbe sorte oder groeße. die weniger heiklen umzaeunen auf dem kasten

die marmeladen- einmachglaeser saftflaschen.
schwer ist die zeit fuer C. im fruehjahr wenn leute sein es alters von der ersten waerme dahingerafft werden d ie baeume in bluete stehn der letzte apfel verzehrt ist & die gravensteiner auf sich warten machen. der griff an die glaeser ist hart auch wenn das bataillon dicht ge schlossen fuer drei erntelose jahre reichte.
selig dagegen der winter: mit zuckerguß geschminkte f rucht oder feist glaenzend singend vor dem zerspringe n: der apfel im ofen gespreizten fingers ausgeloeffelt. moos zwischen den fenstern & darin schlafen evas kug eln. die kleine fichte biegt sich artfremdes tragend: sch uettle mich schuettle mich!
auf dem radio
hoert
ein lederapfel
floete.
mit respekt hinterlassen im kleinen gasthaus in dem d er witwer C. sein essen nimmt die gaeste den nachtisc h wenn er apfel heißt. C. traegt eine schuhschachtel m it etwas holzwolle bei sich die beute einzubetten.
seit 18 jahren – ein denkwuerdiges jahr er verlor die le tzten schneidezaehne – ist ihm der rechte biß in haut & fleisch versagt. im testament: der liebste erhaelt das liebste & teuerste so da sind das messerchen mit dem e lfenbeingriff & die glaeser oben vom schrank.
den verhaßten das geld.

261175 hl. katharina
hl. conrad

die koechin eines pfarrers

die koechin eines pfarrers lebt mit ihm & ist jedes jahr
schwanger.
einmal im jahr geht sie weit ueber die letzten hoefe hi
naus dort wo man das tal voll ueberschaut – den talha
ng entlang dann bis zum ende & sie steigt herunter
in der nacht
weiß sie mit geschloßnen augen den weg vorbei an ba
ckoefen muehlen die aufgelassen sind an zirmen vorb
ei hennstaellen kornspeichern.
den weg weiß sie
bis zum schmied
der nur einmal & ihretwegen am feuer steht sie zu bes
chlagen & der ist stark &
nackt
er wartet haemmernd
wie funken springen seine sehnen
sein glied zittert aus der schwaerze seiner haare heraus
& der mond steigt & ist voll

sie ist da

ihren rechten bloßen fuß legt sie mit zu-en augen auf
den amboß & der schmied beschlaegt ihn mit einem kl
einen eisen auch den linken

in der esse springt kein feuer mehr
sie geht zurueck seufzend & es ist oesterliche zeit – im
toten schnee verliert sie blut nach tausend schritten de
n ersten nagel – sie geht zu ihrem herrn die hoehe hin
auf den talhang entlang an allem vorbei
von einem ofen hat der wind eine schindel gerissen &
ins feld geworfen da bricht ihr das erste eisen
wie sie heimkommt ist laengst das zweite geborsten ab
gefallen

ihr bett wird warm
leise bluten ihr die fueße

in seiner huette kauert der schmied die glut verlischt le
euchtet auf im zusammenfallen laeßt sein glied flackern
& er zerfaellt mit ihr
noch heute koennen wir kleine hufeisen auf den steil
en feldern der talhanghoefe finden.

terenten 170471

der hofer zu meransen

er hat paniges an sich auch asiatisches von seinem bau
ch nicht zu reden
seine brauen sind so steil nach oben gezogen in gerade
r linie in diesem vollen gesicht aus glatze nase & ohren
daß sichs nicht an geiz denken laeßt obwohl er gefuerc
htet ist

er will
halbschrill-hochstimmig wie er ist & ohne ein wort der
staatssprache
in diesem jahr einen laden eroeffnen

sein leib ist im profil eine ellipse von hinten & von vor
ne
schade daß seine fußsohlen flach sind: so bleibt er die
karikatur eines eis
man soll nicht vom aeußern auf ihn schließen

dieses stehaufmaennchen serviert in eiform eine schal
e milch auf deren grund versteckt eine muenze liegt

dann gehen Dir die augen unter

070571

bildnis einer tante

wie ich das hasse dieses »arme-leute-denken« meiner dicken tante dieses verfluchte sparen um des sparens willen & weil man immer schon gespart hat & nichts a nderes gelernt. kein zipfelchen bequemlichkeit ist an i hr. der hang zur oberflaechlichen sauberkeit ist groß. u ntaetigkeit aller laster anfang voellerei prasserei & uns itte & am meer unten rennen sie nackt die ausgeschae mten. opfer der kirche die taegliche messe aus gewoh nheit ohne erbauung. millionen predigten angehoert a lle vergessen. gutes tun am verkehrten ort. aenderung ist unmoeglich

in jedem haefchen
ein teechen

kein wein kein kaffee kein kuchen das brot muß hart werden vor dem essen. das opfer der sonderangebote & wanderhaendler. billiges oel fuers haar billiges fuer den salat. spargel ist suende der boden luntenreich. in san damiano wird schon was sein da sieht die mamma rosa die muttergottes im birnbaum. da will sie hinfahr en. da gibt es nichteinmal ein gasthaus fuer die pilger. es wird intensiv gebetet. da will sie hinfahren wo sie sc hon beim anblick eines busses das kotzen ueberkomm t. das will sie sich & ihrer leber antun das ist ihre geog raphie die uebrige welt ist verfault.
wie ich das hasse dieses »arme-leute-denken« dieses a bputzbare plastiktischtuch worauf ich schreibe dieser ausgediente krumme tisch ... ach da ist nur bei dem ei nen bein [ein] nagel zu schlagen ... nimm einen neue n ich hau Dir den da zusammen einen festen breitbein igen auf dem Du ohne angst teig ausrollen kannst ... d a ist nur ein nagel zu schlagen. schalt das radio aus we nn du gehst sie meint nicht abdrehen sondern stecker herausziehen: aberglaube der blitz koenne einschlage

n die leitung brennen. beim warmen wasser ebenso: st ecker ein & aus. es hat einen vortrag gebraucht daß sie den eiskastenstecker in ruhe ließ. gashahn mit voller k raft zudrehen so geht das. zum kochen eine vierziger b irne kleingeschnittne zwiebel sieht man dabei gar nich t mehr. erste verwendung des lichtes anderthalb stund en nach sonnenuntergang. die brillen auf die scheiben legen mit spucke anfeuchten & am kuechenschurzzipf el putzen. das handtuch nach 14 tagen wechseln & fue r alles nehmen was naß wird: das ist nicht viel: kurze s trecken: stirn-hals/fingerspitze-handwurzel/zehen-kn ie. jahraus jahrein. fuer wen spart sie denn fuer mich nicht fuer wen hoch hinaus kommt sie nicht zum hae userbauen langts nie. fuers christliche begraebnis: ma n wird auch so ehrenvoll unter die erde gebracht wen n man eine ehrbare jungfrau war ohne den pfaffen das geld vorzuwerfen. perlen fuer perlengemaestete saeue. spart sie fuer den missionssonntag fuer die reise nach s an damiano

> ein weiberchoerchen lockt
> maria in dem birnbaum hockt

fuer ihre katze?
wie ich das hasse dieses »arme-leute-denken«. reichs ein ist schicksal. die besseren haben ihr kreuz wir das unsre. kahle kritiklosigkeit. in der lourdeskapelle fael lt sie auf die knie zum dank fuer die rente. kerzen kauf t sie fuer ihr gutes recht. woher die reichen den reicht um nehmen & sie die armut weiß gott. misch dich nie in gottes wissen. unbekehrbarkeit ihr laster. sie ist stoc kdumm & stur. keine offne hand uebersieht sie den ka tzen wird das fleisch vom fenster zugeworfen die taub en fressen in der woche fuenf kilo bruchmais ihre katz e rahm. mich haelt sie gut die katze besser. fuer sie sel ber nichts. ich bin so aufgewachsen es ist immer so ge wesen. gasthaeuser sind zu meiden die nacht gehoert

schlaflosem schlaf theater ist theater alles ist fuer die katz das sagt sie gern aus den zeitungen glaubt sie das gelogene koenigkinder tun ihr leid & kaelber beim met zger. alles ist gut genug ich nicht. auf meine manuskri pte mit vorliebe feuchte waesche. ihr kamm ist dreckig ihr haar straff & streng in zoepfen.
zum teufel geh doch endlich aus dem haus fahr irgend wo hin wien von mir aus ans meer mach Dich bewegli ch geld hast Du sitz einmal still & laß liegen was liegt. wie ich das hasse dieses »arme-leute-denken«. bei ihr nicht »arme-leute-stolz« das waere selbst- oder klasse nbewußtsein zuviel fuer sie. die woerter der pfaffen si nd bibel das heilkraeuterbuch hilft gegen irdische leide n

in jedem haefchen
ein teechen

das gute wird aufgehoben bis es verdirbt dann kommt das neue gute in den kasten. der circulus ihrer sparere i. alles wie ewig gehabt. fuer mich betet sie. gott sei Ihr er seele gnaedig.
ich brauch 1000.– Lire.

130473

im wald hat einmal ein großer drachen gehaust.

der brachte angst & schrecken in die gegend.
seine augen waren groß wie pfannen, aus seinem mau
l sprang feuer, das die kleinen baeume verbrannte.
aber er ist sehr traurig gewesen weil er ganz allein gew
esen ist in dem finsteren wald.
die rehe fuerchteten sich die fuechse die hasen & auch
die maeuse.
maeuse fuerchten sich immer.
er ist sehr traurig gewesen dieser drachen.
die menschen kamen nie & sogar der mutige jaeger &
auch der tapfere foerster trauten sich nicht mehr zwis
chen den finsteren fichten herumzugehen.
der drache weinte tag fuer tag aus seinen großen auge
n & die traenen rannen ihm ins maul & loeschten die
zuckende flamme.
nur einmal am tag – so zu mittag, wenn die sonne am
besten scheint – legte er sich auf den ruecken.
sein bauch ist gelb gewesen & 19 buben & 6 maedchen
haetten leicht darauf ball spielen koennen.
wie er so . .

090371

vom koenig augias und dem herakles

es war einmal ein koenig und der hat augias geheißen.
er hatte nicht nur viel geld und schoene haeuser sond
ern auch einen großen bauernhof mit unmengen von
schweinen schafen ziegen und rindern. er war ein gro
ßer esser und brauchte nur zum halbmittag sieben wu

erste zehn eier und fast eine halbe speckseite: der hof l
ieferte ihm alles was er zusammenaß. aber wie der hof
ausgesehen hat kann man sich nicht vorstellen dreck
nichts als dreck. die kuehe mußten sich erst durch den
mist durchfressen wenn sie zum trog wollten. wenn d
er metzger ein schwein schlachtete nahm er zuerst ein
e stange und stocherte mit viel muehe das schwein aus
dem mist dann spritzte er das schwarze stinkende vie
h mit einem schlauch ab und schlachtete es.
es war ein trauriges leben. und so stattlich waere der h
of gewesen nur eines fehlte: der misthaufen. das einz
ig saubere war ein heller bach der rund um das gut flo
ß ... die wiesen waren fett das korn hoch und reich an
vieh fehlte es nicht ... besonders die schafe liebte der k
oenig.
aber der mist! der mist!
und das kam so: kein knecht war geblieben der koenig
war jaehzornig schrie wie der wilde wegen jeder klein
igkeit und ließ den armen leuten zum schluß nicht un
gern den kopf abschlagen. jetzt seit der hof versaut wa
r kam erst recht kein knecht mehr und die paar hirten
die draußen auf den feldern herumrannten meinten
mit recht: »ausmisten ist nicht unsere sache!«
da kam eines sonntagmorgens ein gewisser herakles z
um augias auf besuch. von ihm ging die rede daß er de
r staerkste kerl in griechenland sei. nach der siebzehnt
en wurst fing der koenig an zu jammern: »mein lieber
herakles sein tut es eine schande vor lauter dreck sieh
t man die schweine nicht mehr weißt du gar nichts all
e sagen du bist so gescheit wie du stark bist so ein elen
d einen knecht nach dem andern laß ich koepfen kei
ner taugt.« und dann wird der augias zornig: »du hera
kles ich sags dir zu was bist du so stark daß ganz griec
henland von dir redet du wirst wohl mit einem bißche
n dreck fertig werden? mach du's zeig deine kraft du
schneider ... oder (der koenig rollt die augen) ich laß

dich aufhaengen. da frißt er mir die wuerste weg und ist nichteinmal dem mist herr!«
da wird auch der herakles zornig und er steht auf und will dem koenig eine ordentliche herunterhauen aber er laeßts bleiben und haut nur auf den tisch bis er tanzt: »du saukerl von einem koenig da werden wir schauen ... morgen zum mittagessen kannst du im kuhstall auf dem boden das mahl anrichten so sauber wirds sein du esel! bin ich noch der herakles oder bin ich es nicht?« u nd er geht weit hinaus zu dem verlotterten hof.
er schaufelt und kopft er schaufelt und kopft ... am ab end hat er erst zwei schweine und drei hennen ausges chaufelt ... da ist er todmuede und morgen? ja morge n da sollen sie schon mittagessen hier. so ein dreck .. u nd er legt sich nieder und ist muede und kann nicht sc hlafen. und denkt und denkt .. um vier kraehen die h aehne da springt er auf:
»heireka heireka!« schreit er. er weiß wie's geht. er nim mt die schaufel und rennt zum bach da waescht er sich zuerst die mistkäfer aus den kleidern trinkt einmal tuec htig wie ein schnaufender stier. er graebt: die schaufel b richt er wuehlt mit den haenden weiter genau auf die st alltuer zu und schon ist der bach da die tuer springt auf mit aller kraft rollt das helle klare wasser in den ganzen mist hinein. die ersten kuehe waelzen sich vor freude u nd bruellen die schweine laufen quietschend davon. u m halbzehn glaenzt der ganze stall. scheinheilig leitet h erakles den bach zurueck setzt sich auf den stallboden p feift vor sich hin putzt sich die zehennaegel und wartet. von weitem hoert man eine trompete der koenig kom mt. er kommt sehr langsam weil er sehr dick ist. und da nn? dann platzt der augias fast vor freude er faellt dem starken herakles um den hals weint und kueßt ihn.

geschrieben am 060372
fuer die kinder von vernuer

die kraehen unsres landes

maerchen (fragment)

die suedtiroler kraehen setzen es sich eines tages in den
kopf gleich wie die schwalben in den sueden zu fahren.
der winter war ihnen zu kalt das futter zu karg. etwas
spaet beschlossen sie nun ihre reise. schon vor tagen ha
tte es leichten schnee auf die gefrorenen furchen gewor
fen. die pusterer kraehen waren es denen die ganze sac
he einfiel. sie schickten einen boten ins eisacktal meld
eten bissige kaelte & fanden besonders bei den gossens
assern & sterzingern offene ohren. die fluchten ueber d
en brennerwind der ihnen das letzte koernchen vor de
m schnabel wegtreibt. die faulen verwoehnten brixner
waren nicht so begeistert denn sie bilden sich ein daß
bei ihnen der sueden beginnt. viele hochwuerdige krae
hen waren schon einmal in rom gewesen & mahnten:
»die reise ist recht beschwerlich & lang unterwegs sind
wir vor hitze fast geschmolzen.«
aber im winter waren sie noch nie unten gewesen & so
gingen auch die geistlichen mit »auf pilgerfahrt« wie
sie es nannten. die rußigen gasverschmutzten bozner
waren auch bereit aber sie wollten unbedingt einen so
nderzug bilden & erster klasse fliegen das bedeutet: ei
ne woche frueher um das beste futter vorzufinden &
auch kleine pausen einzulegen. nach einigem hin & he
r denn die pusterer als erfinder der angelegenheit war
en stur wurde den boznern die ausnahme erlaubt. unt
er den kraehen der hauptstadt waren naemlich viele w
ichtige beamte … einer sogar mit nur einem bein … &
geschaeftsleute die teilweise recht schlecht fliegen ko
nnten noch dazu wollten sie unterwegs ein paar gesch
aeftchen taetigen das sagten sie freilich nicht. nun war
en noch die meraner zu fragen die hatten keinen ein
wand. die armen vinschger kraehen wurden gar nicht
gefragt:

»die fliegen sowieso mit. sie haben wohl ein bißchen eine andere art zu kraechzen & und die fluegel zu schlagen man muß sie halt lassen.«
die letzten aus den kalten windigen nebentaelern wurden durch ein rundschreiben verstaendigt. sie hae tten suedliche sonne am meisten noetig.
am kathreintag starteten die bozner ohne besondere aufregung. sie hatten pelzmaentel mit koefferchen ei nen schirm was so ein staedter braucht.
zu st. barbara waren die uebrigen endlich soweit zus ammenzukommen & wegzufliegen. immer wieder hat es verzoegerungen gegeben. schnee war gefallen kaelt er wars geworden & die post ging langsam in die ent legenen bergtaeler. am barbaratag kamen sie also auf dem tschoegglberg zusammen: der liegt in der mitte des landes hat viele felder & aecker & platz fuer alle. da waren die bauern von flaas & nobls glaning & afing jenesien moelten kampidell mehr als nur verwundert ueber die vielen schwarzen voegel   wo man doch mehr elstern da sieht & henngeier wenns wetter ums chlaegt. um 9 uhr waren 36 kraehen erschossen & die andern endgueltig abgereist bis auf eine einzige. diese eine kraehe hieß sepp wie viele andere auch aber er w ar jung & eingebildet & wußte immer alles besser. er w ollte nach norden fliegen: er glaubte alles nicht das ge schwaetz der schwalben vom meer vom korn in aegyp ten. er glaubt es einfach nicht & fliegt davon nach nord en. der himmel ist bedeckt wind pfeift hart schlaegt er mit den fluegeln gegen die luft: er die letzte kraehe im land.
inzwischen wird ueber bozen der bewoelkte himmel nocheinmal bewoelkt die tauben erschrecken & die leute wissen nicht was denken. die ganze kraehensc har schwenkt ins etschtal ein & in der salurner klause wird es finster. langsam kommen sie weiter sie schnei den nicht wie die schwalben durch die luft oder fresse

n im flug: bei jedem steinharten roßmist machen sie halt & hacken nach koernern.

dezember 1973

die gans

von der gans weiß ich nur zu berichten daß sie dem weißen federvieh zugehoert ein nestfluechter ist & nuetzlich. es gibt auch boesartige gaense & das hueten soll ein leidliches geschaeft sein das man den dummsc hlauen ueberlaeßt. literarisch ist die gans vorbelastet: grimms maerchen Du dumme gans gaenseliesel auch vom zwicken & zwacken ist die rede & vom gaensebl uemchen dessen bescheidenheit sich die gans vorneh men koennte.
ich allein kenne aber eine lodengruene gans. das heißt ich habe sie gekannt: sie ist vor kummer gestorben. man hat sie nichteinmal eines ehrlichen todes geschl achtet. stolz ist sie gewesen & eben etwas besonderes stets auf den letzten chique aus & nebenbei sehr klug .. ihr fleiß zeigte sich allerdings nur im federputzen. liederlich zu sein haette ihr die hoffahrt verboten. ein es tages nun stiebitzte sie irgendeinem tuifelemaler einen tegel farbe & etwa nicht irgendeinen – karmesi nrot lachsrot – oder so – genau einen gruenen. der ma ler hatte aber nur schreiendes gruen hellgruen zum erschrecken & gerade recht die hintergrundwiesen sei ner heiligen ins bild zu bringen oder ihre lilienstengel & palmzweige. sie wußte sich zu helfen .. damals war sattes moosgruen gefragt: so nach lodenmantelart. sie bemalte sich das gefieder – ganz heimlich versteht sich – es waere naemlich eine grelle hurenschminke gewes en – & waelzte sich nasser in schwarzer erd. damit war es erreicht. da stand sie moosgruen. doch die weise

weiße gans hatte nicht nur aus modischen gruenden f arbe gewechselt wie anzunehmen waere sie wollte si ch tarnen. das bringt vorteile: unentdeckt die besten gr aeser zupfen dem fuchs entgehen oder einem raubvog el die samt ihres scharfen auges nun einmal nicht an solche gaense gewoehnt sind. man hat sie bewundert in der schar. da geht eine gaensereihe .. an sich schon majestaetisch & frech .. mittendrin eine solche .. noch majestaetischer & in kaisers neuen kleidern.

es wurde brauch bei ihnen sich auch zu faerben sie ver suchten es mit ziegelmehl mit buntem sand & die einf aeltigen drehten sich einfach im dreck .. der naechste regen oder die naechste wanderung zum teich machte ihre muehe zu nichts. sie aber im prunk ihrer oelfarbe verriet nichts .. sie hatte sogar aufgehoert zu schnatter n. anfangs umbalzte sie der gaenserich. sie war sich zu schoen. & als die uebrigen sich der nutzlosigkeit ihres anfaerbens bewußt wurden & damit wieder weiß besc haeftigte sich der verschmaehte mit seinesgleichen. sie war gekraenkt nutzte nur noch beim fressen den vort eil & wurde dick & truebsinnig. immer oefter verließ si e die gruppe stolz noch immer sonnte sich oder trieb als gruener fleck auf dem blauen spiegel des teiches. es wurde herbst & das gras fahl allein im wald das moos noch gruen wie sie. da meint der gaensehirt .. wie oft h at er sie vergeblich gewaschen & scherzend betastet .. die ist die dickste & gerupft & gebraten tut sie den best en dienst.

ein bißchen schlau war sie doch geblieben sie verdrue ckte sich in den wald & erfror vom fuchs verschmaeht von freund & feind. nach dem dritten tage fand man si e .. die letzten traenen hingen glitzernd als eisige perl en am schnabelrand.

& moos ist darueber gewachsen & schnee gefallen. nicht mehr zu genießen denn die letzten fliegen diese s jahres waren noch bei ihr gewesen.

(eine schoene tote mochte sie sein aber das stinken ko nnte sie nicht verhindern)

flaas im febr. 75
180275

karapoff

das dorf lag auf einem huegel inmitten einer sumpfige n gegend. mitten durch das elende gelaende floß schn urgerade wie ein boesartiger doppelstrich ein aufgelas senes geleise einer gesperrten landesgrenze zu. des rot en bahnhofs fenster waren blind oder zerbrochen. zers chnitten vom bahndamm kam die ebene mit verstreut en wasserlachen die trefflich blau den himmel spiegelt en das gelbe gras war schon blond geworden darinnen vereinzelt eine sonnenblume die der italiener den »so nnendreher« nennt .. kein mensch kein vieh & oben das dorf zusammengebaut nach suedlicher art mit den sogenannten schneeweißen haeusern & mit greisen be siedelt die aber silberne haare hatten. hinten in der kir che lagerten zementsaecke die betstuehle waren hina usgeraeumt der altar geblieben fuer den notfall an sein er hinterseite vorsichtig gestapelt die goldgrundigen bi lder der heiligen. im schiff des allerhoechsten war jene kuehle die nach dem gassenstreifen wohltut.
& unten die keusche ebene der bahnhof ein wuerfelc hen die geleise zu einem faden geschmolzen.
doch da kam karapoff & lud zum trinken ein der sohn des wirtes. seine stube ist gekalkt ohne bild oder kreuz oder plastikrosen von der decke haengen zwei dinge: eine nicht zu saubere lampe (die bestimmt am abend s trahlendes licht gibt) & jener verhaßte klebestreifen al s friedhof der fliegen. die baenke & tische sind gescheu ert & an den waenden haengen große zettel mit seltsa

men woertern & runden zahlen dahinter: das sind die schulden der leute sagt die wirtin. sie hat fleischige ha ende & ist stattlich.
»karapoff« sagt sie ganz so gewoehnlich dahin ohne z u befehlen »karapoff bring wein der fremde hat durst« & dabei bleibt sie unter der locke des klebrigen fliegens treifens in der mitte des gastraumes stehen etwa nicht etwa mit in hueften gestemmtem arm & mustert den f remden.
»der ist fuer Euch« meint sie »ganz frei« wie der wein dasteht & karapoff schenkt ein. obenauf schwimmt ein e gewuerznelke & frisch ist das getraenk. der muede w ird wach obwohl das ganze dorf um diese zeit der hitz e zu ruhen pflegt & der fremde bittet karapoff ihm alle s zu zeigen was zu sehen waer oh er sei kein spion auc h trage er kein gepaeck dieser art bei sich die kirche ha be er gesehen die ikonen aber ebensowenig beruehrt wie zementsaecke oder altarstein. sie brechen auf bei b ruetender sonne der fremde bemerkt wohl wie ueber gewisse rinnen wasser laeuft versickert verdunstet an mancher hausmauer haengt ein verblichenes rotes pla kat ueberstrahlt vom unverwuestlichen rot oder blau der blumen die von allen fenstern & simsen prangen e r sieht den friedhof verwachsen mit duerren rostigen s tauden als stuerbe hier niemand mehr aber vor allem sieht er karapoff der praechtig gekleidet vor ihm herge ht & bald dahin bald dorthin weist wovon er glaubt es waere etwas fuer den fremden .. haeuser darin dichte r musiker etc. geboren oder gestorben sind hat er kein e. karapoff geht praechtig gekleidet dahin: in blauer ar beitshose & nacktem ruecken der so bronzen ist daß er im herabrinnenden schweiß zu schmelzen droht. der wirtssohn ist 16 & einfach schoen. fertig! zurueckgeke hrt klagte karapoff dem gast: »ich kann auswaerts kein e arbeit finden« der weg sei weit & ohne straße oder b ahn & etwa an die zehn kilometer lang. »die andern si

nd lang schon verflogen .. mich laeßt mutter als den letzten nicht fort« »so bin ich denn den ganzen weiten weg her in dieses totenstille dorf« erwiderte der gast »& habe keine reue dabei«.
am abend kam ein greiser bauer der sich noch weidlich des deutschen besann & viel zu plappern hatte von krieg & andren grenzen .. auf einem der zettel an der wand wurde ein neues fremdes wort verzeichnet & eine runde zahl. der fremde beglich seine zeche blieb ueber nacht am morgen war er fort.
& unten die keusche ebene der bahnhof ein wuerfelchen die geleise zu einem faden geschmolzen.

flaas 100975

eine kuh

einmal gab es da eine kuh. die war von boesen geistern besessen. um ihr den satan auszutreiben versuchten es die bauern sie mit weihwasser zu traenken zum andern ließen sie sie auf dem friedhof grasen dann wieder raeucherten sie den stall aus & ließen den bauern dem sie gehoerte nicht mehr am angestammten tisch sitzen. nichts half & die kinder hatten zu leiden wegen der nachschreierei. die kuh war bestimmt kein schoenes tier waren doch ihre hoerner nach vornunten gebogen & ihr geschau schlimmer als das eines stieres. zu schlachten wagte man sie nicht ihr untugendsames fleisch galt fuer giftig. sonst war sie wohl gewachsen & milch gab sie fuer drei ... wenn sie einen stier sah (ohne ihn irgendwie heranzulassen) da kaelberte sie schon am naechsten tag. das vieh war einfach nicht geheuer. sie fraß nur frische brennesseln. heu & gewoehnliches gras waren ihr zuwider sie gab stattlich milch ohne beim melken auszuschlagen oder sich zu weigern nur die mil ch hatte einen blaeulichen schimmer (wie in der senn erei). krank davon ist niemand geworden .. keines vo n den verschrienen kindern. das blau aber ist nicht gut sagten die bauern die kuh ist verhext. da beschlossen sie die unglueckbringende naechtens abzuschlagen. n iemandem hatte sie unglueck gebracht: niemanden ge stoßen getreten versprengt .. hoechstens den bauern der sie hatte aber der schlief tief in seiner kammer jen e nacht. der kadaver wurde muehselig im misthaufen vergraben bei kerzenschein windlichtern & neumodis chen batterien. anderntags bluehten rosen auf dem »g rab«. traene wurde keine geweint die kaelber mit gew inn ins veronesische verkauft keines war verzaubert d er bauer kam wieder an den stammtisch ... es muß ein e indische kuh gewesen sein.

flaas 160975

der schneider des zaren

meiner gestalt nach waere ich besser metzger geworde n denn schneider. allein wie das glueck spielt erkannt e eines zaren offizier bei der musterung daß ich ganz des zaren gestalt haette. so wurde ich aus dem dienst e ntlassen & dem hofschneider unterstellt. dort ward mi r weiter keine pflicht als die kleider zu probieren. ich wurde gedreht & gewendet bis mir alles saß & um nich t nutzlos die zwischenzeit zu verbringen lehrte mich d er meister die nadel fuehren denn er war alt & liebte mich. in unsrem staat ist keiner nutzlos. da aber schnei der sein mager & gebueckt macht wie die leute sagen wurde mir auch starke kost zuteil .. nicht grad die des zaren doch ich behielt seine gegossene figur. mein leib war seiner & wie haette ich ihn besser opfern koennen nichteinmal im kampf. traf es sich daß den zaren eine

biene stach so galt es auch mir mit einem dicken arm bereit zu sein oder er hinkte nach mißglucckter schlitt enfahrt ging ich eben steif.
mein meister starb zur rechten zeit – ich hatte eben aus gelernt & weinte bittre traenen ueber ihn – & ich uebe rnahm die werkstatt. hatte bisher nur der leib gedient so dienten nun auch geist & seele. inzwischen hatte ic h eine geheime kaiserliche waescherin die meines hoe chsten herrn leibwaesche versorgt zur frau genomme n. & ihr zum wohle des staates bereits drei kinder gesc henkt – es sollten noch siebne nach. ich war mit der we lt zufrieden & bin es bis zur stunde. den zaren kenn ich wie mich & hab ihn nie gesehen. ich weiß wie er besch affen ist was er zu speisen liebt wieviel er wiegt wie groß die hand ist die auf uns liegt. von jeder kleinsten veraenderung die in seinen kleidern nur ein faeltchen werfen kann krieg ich geheimsten hofbericht. er traegt gute sachen mit bescheidenheit wie jedermann. wir si nd ja alle gleich zumindest er & ich. rot steht ihm am besten. er hat sich's ausgewaehlt & wie man mir gehei m gesagt waer das die farbe seines herzensblutes das fuer uns in ihm rinnt. seine zunge ist rot mit der er zu uns spricht. er ist ein großer zar eben groß wie ich.
die leute tragen nicht grad fuer sie geschnittne kleider d och sie koennens zufrieden sein. sechs groeßen fuehren unsre laeden fuer großschlank mittelschlank kleinschla nk groß- mittel- & kleindick. auch die stoffe sind versc hieden sie wechseln klugerweise nach beruf. was will man mehr. im fasching verkleidet sich der zar als mutte r & retterin des vaterlandes. im fasching aendern alle da s geschlecht. das ist sehr lustig. ein monat im jahr ruht der zar sich von der last & sorge seines volkes aus: er hat genug augen die fuer ihn & ueber seiner ruhe wachen. in dieser zeit nimmt er zu: bier wild pasteten wein & ich werde von der schloßkueche auf fettes schwein gesetzt damit ich halten kann was er an gestalt gewinnt. so flie

ßen schoen die monde uebers land & auf den bildern die ihn zeigen ist ein gut dreiviertel von mir. doch ist das alles streng geheim. so streng geheim daß ich nicht weiß was aus mir wird. so verkaufe ich die restchen der fuerstlichen stoffe mit gutem gewinn & die leute kuessen es & mir meine goettliche hand & tragens versteckt am leib mit furcht & andacht & ehre. ach wie geheim wie geheim & gerade ich der hueter dieser schaetze.
der zar der schreit: erschlagt das untier diesen schinder! unter meiner achsel steckt eine nadel! attentat! mord am zaren!

fuer rosmarie j. – berlin
weimar 190677

fabel nach krylow: der baer & die bienen

die fleißigen bienen im sonnigen sueden bringen einen antrag ein im rat der tiere. gut beschuetzt wollen sie sein auf ihren wiesen. die freunde des baeren die in der mehrzahl & die staerksten sind bestimmen ihn als waechter. hoert man die bienen klagen? nein! der baer sitzt lange wartend & staunend vor ihrem werk. so die zellen bauen will er koennen & dieses geschmeidige wachs & gar der honig ... bald tropft dem waechter das maul & im besten sommer holt er die vollen waben sich. die bienen klagen vor gericht. die hohen herrn genossen verbannen den baeren fuer diesen winter nach sibirien. der arme trottet in sein revier & in den kalten zeiten leckt er die sueßen pfoten. das wird ewig so bleiben: im fruehjahr sommer bienenhirte im herbst ein dieb im winter sueße strafe & die bienen? ach denen kleinen regen schwirrern bleiben fleiß honig gutgebaute waben angeboren.

gegeben zu weimar 210677

der einsiedler und der baer

ein eigenbroetler von der art wie ich hab sagen hoere
n auch der deutsche ist beschließt in gedankenschwe
re & fromm sich abzuwenden von der welt im tiefen w
ald. geraume zeit danach wird ihm der tag zu lang & er
sucht ein geselliges wesen mit dem er reden kann. da
kommt der baer ihm in die quere: sie geben hand & tat
ze sich & werden dicke freunde. der eine gibt geist der
andre kraft was will man mehr. im sommer drauf bei b
estem wetter gehn sie auf reisen – reisen bildet & sie re
isen beide gern – doch bald ist der mensch schon mue
de & bittet seinen freund um rast. »leg Dich nur hin ic
h warte da & passe auf & wir ziehen weiter wenn Du
staerker bist.« gleich schlaeft der mensch im moos der
liebe treue keusche doch eine fliege schillernd aus de
m westen eine von den großen kreist um seinen kopf
& surbelt an den ohren. der baer so sanft er kann vert
reibt mit der tatze das insekt gleich aber sitzt es dem sc
hlaefer auf der brust der baer blaest's weg & von der n
ase auch vom mund bis er sich erbost denn das ungeh
euer kreist ueber der stirn & laeßt sich glatt dort nieder.
der gute baer nimmt einen großen stein dem ding ein
ende zu bereiten laeßt ihn auf die stirn des schlaefers
krachen
&
spaltet glatt den schaedel. an die traenenschweren aug
en nimmt der baer die tatzen & trottet in den wald. so
kann groeßte beste freundschaft toedlich enden wenn
die fliegen boeses surren.

weimar 210677

fruehling der terraferma

manchmal im garten des flachen hauses ein mandelba
um im schnee seiner bluete eine trauerweide gruenge
haucht wasser in den furchen & giftfarbenes gras. unt
er den rostigen ziegelboegen der faktorein letzte spur v
on stroh & eine einzige muntere stechmuecke tanzt
ueber duerrem dung
moewen in den wassergraeben lassen das meer nicht
weit sein die versunkenen angler ungeruderte boote:
mit zementierter rauchgewalt haut mestre zu.

venedig 130377

auf torcello & burano

gaensebluemchen der einsamkeit Du weites eiland torc
ello. biene im wein in gaerten im schilf. mit kalter kaffe
emaschine die einzige bar hausgemachter marmeladek
uchen zwei schulkinder in der faehre. samtschwarze sa
nftmuetige hunde in sanfter sonne lecken mit roter zun
ge faul die schnauze. nur eines ist zu empfinden das br
eite der stille im zeremoniell der apsiden im mosaiknen
herrn in seiner starre & der seiner hehren mutter
der frau
zum blutschwitzen ist dem tiroler das essen von buran
o: die muscheln auf den nudeln bereiten erst seinem g
aumen geleide. in qual zerrupft er die panzer kleiner la
ngusten oder solcher teufelstiere anstatt sich gebratne
r kastanien zu besinnen vom eignen herbstlichen herd.
nur der wein rettet sein weiches herz. die faerbigen h
aeuschen die vogelsteigen in den fenstern & waermen
de sonne versoehnen ihn wie eine verlaufene katz.

burano 140377

sachsenklemme

damals haben nur zwei voelker aufgemupft gegen den wilden napoleon: die heißen spanier dort die klotzige n tiroler hier bei uns da war's dem kaiser gar nicht wer t selbst eine schlacht zu schlagen ein general war ihm genug & fremde truppen wie die gotteslaesterlichen ba yern & ein bataillon stechschreitender sachsen (luthri sche natuerlich). ohne widerstand & ohne tadel kame n sie voran. kein feind nichteinmal ein weib zum verg ewaltigen. leer waren die doerfer im rissigen tal kuh k eine kein schaf .. die glocken schlugen keine stunde m ehr. dafuer ging es klaglos weiter & man war froh dab ei was hatten sie nicht alles hoeren muessen & sie ka men sich tapfrer vor als hannibal auch ohne elephant en. wo tief der eisack eine schlucht sich schneidet & bis heut nur rinnen bach straße & eisenbahn da rueckten sie der enge wegen all zusammen: von den hoehen bl ies der kalte wind nicht mehr. von gipfel zu gipfel oben leuchteten feuer keiner sah's. wie sie in's engste loch hineinmarschieren ziehn oben in den wolken die baue rn an einem strick & es geht los .. fein sauber aufgesch ichtet rollt das verderben in das tal. es donnert regnet hagelt felsen & baeume schaurig hallen die waende. der spaß war kurz & alle sachsen tot. daß sie sachsen w aren erkannte man erst spaeter an den uniformen & a n den großen offnen muendern. was war da angericht et: des deutschen volkes bluete zertruemmert & zersch lagen.
heute steht am blutgetraenkten ort – wir sind fair – ein e vernebelte kneipe eine kapelle & ein stein. nur der sa chse weiß es nicht.

weimar 220677

nostalgisches weimar

nicht schlecht ist sein gehaeuse das heiligtum der deut
schen nation & war ein schranze nur nur hatte doch d
er mann den hof ueberstrahlt bestrahlt zum hof der ho
efe emporgebracht & kuschelt sich im gaenseflaumenk
issen der provinz der weltenmensch. da wurde ihm do
ch tag fuer tag der weihrauch zugeschwenkt den er so
liebte da war das thueringsche brachland das er als gro
ßer staedter in amt & wuerde pfluegte da hat er sich en
tfalten koennen schatten werfen sonne spielen & laess
ig-gelassen aus dem uebrigen deutschland die gunst de
s eremiten kosten.
aus gips sind seine goetter SALVE steht auf seiner schw
elle .. ein schranze wars & geisteselephant & hat das m
uster abgegeben fuer ein erstrebenswertes leben askes
e kannt er nicht keine revolution nur frauen in den z
wischenraeumen seines tuns.
muede geworden schal von touristen zertrampelt ausg
etreten sind die schritte & als matte sueßliche petersili
ensauce liegt milchiggruen der dunst der vor-haupt-na
chklassik in den gassen in denen man beizeiten den sc
hweinen unbehuetetes streunen verbieten mußte um
sauberen weg zu bereiten den fueßen hoch schwanger
er koepfe.
& goethe war reich. hatte einkuenfte die zehnmal ueb
er dem durchschnitt von dirn & knechten lagen. da wa
r es ein leichtes den eignen stern in gold glitzern zu seh
en & wenn sich auch sein tun & lassen so unbezahlbar
kostbar gebaerdet hat so ist doch ein gefuellter beutel
ein sanftes kissen fuer den scheitel .. verzeih in weima
rs rahmen hat ihn der allerweltsduenkel zum besten p
olitiker gemacht: er diente sich & volk & fuerst zugleic
h. genuegt das nicht?
das schreiben da ist eine qual. die luft drueckend & mu
ffig. da draengt er sich ins bild & zwingt die gedanken

auf sich wie ein hohler zahn. den ganzen tag. draußen an die waldwand geschmiegt der lichte wuerfel seines gartenhauses. die andacht wird zum ekligen kitsch & s pott bleibt elendiger galgenhumor. vor schillers bett ab er steigt mir das wasser in die augen & ich darf still fue r eine halbe minute es in mich hineinrinnen lassen wa ehrend ich faeuste mache weil mich die geschichte sch merzt.
in der herderkirche des alten cranach tafelbild der froe mmste faustschlag ins gesicht der kirche: cranach selb er mit johann baptist & luther unterm kreuz ein wirrn is ist das bild mit zeichen vollgesetzt die kuenftiges de uten:
buchenwald. BUCHENWALD. buchenwald .. mir grau st vor Dir.

gegeben zu weimar
im juni 1977

LYRIK

ich krieg ein kind
ein kind krieg ich
mit rebenrotem kopf
mit biergelben fueßen
mit traminer goldnen haendchen
& glaesernem leib
wie klarer schnaps

zu allem lust
& auch zu nichts

ein kind krieg ich
es schreiet nie
lallet sanft
ewig sind
die windeln von dem kind
feucht & naß

ich bin ein faß

280778

ueberm foersterbraeu
an den giebel
genagelt
der wandernde mond

die kadetten stolz
aus waessrigem holz
von der marine

schreiten
den abend ab in
sommerfrische

die kaffeemuehle
bringt mich
draus

170778

es bockt mein herz
& schlaf faellt aus
es stirbt der pfarrer
dafuer der sommer kommt

endlich

gelebt gestorben geschlafen
im dunst von schafen
der herr

der HERR
nehm von mir alles
den pfarrer nicht
& nicht den sommer

150778

das gehoeft

brenn vaterhaus brenn
brenn großmutterhaus
das vieh ist heraus
sogar die henn

die verrueckten schweine
blendet das licht
gellend faellt der hof
in sich
brenn zu asche
nordwind
vertreibs

brenn vaterhaus brenn
brenn großmutterhaus
das vieh ist heraus
& auch die henn

280678

die laerche

gerne waer ich eine laerche
mueßte nicht trinken
nix rauchen
nicht mich brauchen
zu bewegen
nur bewegen lassen

gerne waer ich eine laerche
im schnee
ohne gewand
& saeh uebers land
im fruehjahr
laerchengruen

nur bewegen lassen
von boden regen hagel
(eller)
wind

gerne auch aelter
wuerd ich werrn
denn
sie

afers 280578

gebet der tante L.

zu Gott der mich erfreut von
jugend auf
wende leid von uns &
das rheumatische
& schenke uns Dein heil
trockne seine doerre seele
& sein bett
Herr erbarme Dich unser
antonius
laß ihn so leicht frau
finden wie mich keinen
mann
Christus erbarme Dich unser
es waer zeit
& mit Deinem geiste
magdalena
lock ihn aus dem ding
(aus der partei)
& fuehr ihm beim salz
die hand
ehre sei Dir o Herr
franz
lieb weiter die viecher
insonder die katzen
wie laß
mir
wir haben sie beim Herrn

wende leid von uns
& geselligkeit
laß mich zu
gnadenstaetten hin
        denn das ist würdig & recht
        billig & heilsam
gib schlaf
        erloese uns von dem uebel
erhoer mein taubes
geschrei
zerlebt waer ich
        lamm gottes
        gib uns den frieden
gib allen katzen futter
wende ab das leid
ich kann nichts
ich bin nichts
        aber sprich nur ein wort
        so wird meine seele gesund
ein haufen
unverstand

160378

gebet der tante L.

wende leid von uns &
das rheumatische

trockne seine doerre seele
& sein bett

antonius
laß ihn so leicht frau
finden   wie ich keinen
mann

es waer zeit

magdalena
lock ihn aus dem ding
(aus der partei)
& fuehr ihm beim salz
die hand

franz
lieb weiter die viecher
insonder die katzen
wie laß
mir

wende leid von uns
& geselligkeit
laß mich zu
gnadenstaetten hin

gib schlaf

erhoer mein taubes
geschrei
zerlebt waer ich

gib allen katzen futter
wende ab das leid
ich kann nichts
ich bin nichts

ein haufen unverstand

140378

»zuflure«

viel geht zuflure beim fuettern
der hackenden hennen
zuflure geht der schwappende
kuebel
zuflure nicht minder woerter
aus scheppermaul

wind in der strebe
zu oft fliegt der weizen
mit
spaene sagemehl
zuflure das bein-ander-liegen
ohne kind das verspeiste ei

die baeume werden gestutzt
um den himmel nicht
zu kratzen
zuflure der ast

wuchern bringt ersticken
abfall muß sein
zuflure geh das gebein

zuflure ist reichtum
verwendung ein schatz

140378

mondschein

nimm die fenster
die hinen & heilen
im kaisergelb

zaehle soeller
veranden & tuermchen
loecher des dachs

taubeneier
taubennester
taubenleichen
        gedoerrt zur mahnung
        auf draht geknoepft
        wo waesche gewesen

gitter gatter schnitzwerk
nach zwanzig ist der zahn
hohl

vor zwanzig brach die terrasse
der kranzkuehe wegen
mit wegstaub der kaffee
vater wischt weinringe
himbeer spuma

zaehle die tage
mondschein
kaisergelb

140378

der rosmarie den wind

        er legt sich
mit wolkenzotteln hat
er in der frueh
den himmel
den hohen
blauen
bezogen

er ist nieder
gekommen am vormittag
plastiksaecke zu
blasen
& schmerz zu
beschwoeren
bei wetter
fuehligen

die fein vor ihm
zu hause blieben bei
schlagenden tueren
am nachmittag

geputzt ist der hohe
der himmel
die sichel
vor ostern
haengt

er hat sich
& ist gelegt

110378

bald

die bergseen kriegen
graugruene augen
bald
geht das heu zur neige

die hennen legen
auf ostern zu
bald
bleibt der ofen ohne holz

die tage steigen
in langes licht
bald
ist mir nimmer kalt
& ich bei Dir
leer vom winter her

010378

einschlaf des kindes

nie die fueße außers bett
die schnittwuetige hex
faellt ueber die
zeh

nie den stoffbaer vergessen
vor gesicht & brust denn
im dunkel der raeuber
nimmt ihn

das schneuztuch verrotzt
unterm kissen keiner
kann wissen was
geschieht

schutzengel mutter
kloetze
keine fremdkoerper
mehr

baer tuch & decke
nur
bis zu den
quaelgeistern des tags

230278

kloster [II]

faste
jetzt wo der
vierzigstuendige tabernakel
bei den klosterfraun
geschlossen

waer zeit
den stockfisch zu waessern
& den leuten das maul

Ihr tut nicht mehr
was des HERRN ist
hoechstens daß
bruder gaertner
spaeter dann
ein pflaenzchen
aus dem guckloch reicht

in den bergen
sollten Eure kutten jetzt
flattern wie salz
& lake
& meer

durchs beichtgatter
sollte mild
der losspruch
riechen
nach stockfischhungertuch

kapuziner
Ihr naht Euch wie affen
den sitten der pfaffen

wo lange kein
psalmwind mehr
pfeift ueber
gras & schilf & rohr

johannes der taeufer
erbarme Dich ihrer.

060278

kloster [I]

aus den schalloechern
der ursulinen
toent es zur
vierzigstuendigen
anbeterei

eine frau
die in den lippen
rasch blaettert

ein bessrer film
fuer altweiber mit tuch
massive suende draus
in den faschingsgassen

weihrauch
harmonium
stinkgas
zischen um kirchbankplaetze
in zweierreih
schweben die klosterfraun
durchs schiff
geschluckter husten

eine frau
die in den lippen
schnell rosenkranz
blaettert

die rente sinkt
kaffee steigt
der bettnaessende neffe
der geliebte
fault wie kraut
die haarnadel sticht
& Die da Die da
ist eine schlange
vor mir
gib der mission licht
& den heiden
& geld

in den pappeln die krah
felder
von stoppeln durchstochen
rinnsal
dampfend toter schweine
im schnee

st. sylvester
st. judas thaddaeus
        Du armer
        vergeßner apostel
betet mir

antholz 311277

diese stegener roßgesichter

der stallgeist
der haflinger rasse
diese halbgesottnen hengste
leide wer es will
ich nicht

pferde reden nicht
ihr apfel ist gedicht

so auch bei diesen

II
das roßgesicht
veraendert sich nicht
es vermehrt sich
hingegen
& putzt mit
der oberlippe
die zaehne

031277

die kneipen sind dunkel
denn einer von den wirten
ist eingegangen
ins ewige gasthaus

die kneipen sind dunkel
denn die fremden gaeste
meiden novembernebel

guenstig hat er sich fortbegeben
                    in toter saison

jaeh gelebt &
jaeh gestorben

131177

gaenseklein:
            man nehme
& nehme
kleingehackt
dem bischof martin
sein mantel

nicht mehr
die federn zum schreiben
nur zur fuelle
von kissen & bett

des bischofs mantel
durchgetrieben
mit den innerei'n:
steppdecke

das fett ist abzuschoepfen
die gans
das freche luder
wird im nordosten gefressen

(weiße gans
& gruener loden
wer's macht
der kann's)

gaensekirchtag 111177

stegener markt

ausgabe 77

weinen will ich weinen um den groeßten markt tirols.
leute zuhauf menschen auch … nix weiter.
der markt aber schreit nicht mehr.
kinderaugen verlaufen sich nicht am tuerkischen
honig.
automatisierte schausteller.
wo? wo die schwerversehrten bettler
die gaukler schwindler feuerfresser
die heilgenbildchen wundermittel
die tiger panther rotarschaffen
die dickste ziehorglerin der welt
koeschtnbrater bauernfaenger riesenschlange
steilwandfahrer tanzbaer akrobat

fade sind die waren ohne salz daß sich die plastik-
blumen schaemen.
die tupfer fehlen im gewog gewurle & geschehen.
doch ueber allem schweben vom bierzelt aus die
schwaden massenhaft
massakrierter huehner dem dorfe stegen zu.
weinen will ich weinen & find das schneuztuch-
manndl nimmer
mit seinem song:

eins fiers moidile nannile joggile seppile tresile
moidile nannile joggile seppile
moidile nannile joggile
moidile nannile
moidile

plaerren kannt'i!

281077

bitte um einen flora krah

zum christkind 76

weiße seien weiser
meinten sie
beratendes germanenvieh
auf der schulter
des gottes

Dein tuschschwarzer
kugelfresser
ist mir lieb

die andern nicht minder
den schoensten hast Du
mir vergessen

den meinen

auf einem apern glatz
des zerschneiten
misthaufens im olanger feld
oder den andern

im dampfigen garten neben
der entkleid'tn chiantiflasche
auf dem besenstiel

einen bitte zeichne
mir
weiße seien weiser
& die mit einem aug
glaubten sie

mir ist Deiner klug
genug
& schwarz zurecht

& bitte keine taube

bozen – spital 201276

roba scritta

roba scritta pel messer
dottor padoan
sconosciuto
conosciuto
giorgio el se ciam
el messer compañ

aihmè
strillan alla fenice
in fin di vita soprani morti
che cadon
protetti
dalle mura di cartone

nei soldi

aihmè
cantan i miei piedi
fra s. marco e sant'antonio
che son caduti
nell'eternità
del fuoco (d'amore)
d'un certo *colui*

si chiacchiera
troppo

in cucina

vitamine..!

padova 111176

gekritzel

gekritzel fürn herrn
doktor paduaner
den keiner kennt
den jeder kinnt
giorgio mit namen
der herr genosse

o weh
kreischen in der fenice
die lebenden leichen der soprane
wie sie stürzen
weich
von den mauern aus maché

ins geld

o weh
singen meine füße
zwischen san marc' und sant' anton

die gestürzt sind
in die ewigkeit
des feuers (der liebe)
eines gewissen *derdort*

man redet
zuviel

in der küche

vitamine..!

padua 111176

fragment einer tante

alles den katzen gegeben
mein schwung das fleisch ein leben
kraut steht im hof
& dazwischen ein zorniger hund der mir die freunde
vertreibt & ihnen raubt was ich mit lieb & saurer
handarbeit ihnen aus dem fenster warf

wieder wird sie junge kriegen
es ist an der zeit
die alte
s'letzte mal hatte sie sechs – eine – die graue die
schoenste
lag in der holzhuette
tot

nicht zu vergessen die tauben –
kein bauer saet mehr fuer sie kein brot faellt auf die
straße herzlos sind sie all

wieder wird sie junge kriegen & die tauben wollen ihr recht die alten & stehen sich schlecht wie ich & alt

alles den katzen gegeben
mein schwung die rente
& ledig geblieben…

290876

alzaTi che il gallo
si mette a cantare
ciò che
abbiam fatto
di notte

e guai
lo canterà
per tutto il paese
da un letamaio
all' altro
e finirá sul campanile
che per la notizia
rosso si fará

260476

STEH AUF der hahn
hebt an
zu krähen
was wir getan
des nachts

und weh
er wird es krähen
durchs ganze dorf

von misthaufen
zu misthaufen
bis hinauf zum kirchturm
der ob der nachricht
errötet

260476

ein stern tat sich mir schenken
in wuester wilder nacht
ein stern der tat mich lenken
hat mich zu drei-koenigen gemacht

gott hat sein aug verloren
in einem hochmoorsee
dort liegt es frischgeboren
zwischen flachs & schnee
ganz blau
in gelb & weiß

230476

austreibung

fahre aus Du arges
aus der frau
& schinde nicht
laenger

fahre aus im namen
allerheiligen
schaff platz
den geistern

den guten

drachen fahr aus
& kraenke Unser auge
nimmer mit gelbem
schaum im mund

121275 s. zeno
bern an der etsch

salome irres weib
stuetze dem koenig
die geilheit
salome wirren tanz
vollziehst Du allein um
den kopf
des suendelosen
johannes der aß
sand heuschreck & gras
in der wueste
dem wuestling
opfer
Deiner gestalt

portal von s. zeno
verona 051275

sabbia fine
s'è messa
sul mio paese
e fa appena
sentire i contorni
dell'osteria della scuola
della chiesa

sabbia fine
s'è messa
sulla lingua
del mio cane
ed il suo abbaiare
è diventato sogno irrequieto
ormai

coperti gli occhi
dei bambini e nascosti
i fiori sotto i nudi
ciliegi
ci vuole il vento
del mio arrivo
a soffiar via
lo strano elemento
ed a portarvi
calda neve.

[30.11.1975]

feiner sand
hat sich gelegt
auf mein dorf
und lässt kaum
erkennen
die linien
von wirtshaus schule
kirche

feiner sand
hat sich gelegt
auf die zunge
meines hundes
und sein bellen
ist geworden
unruhiger traum

zugedeckt die augen
der kinder
und verborgen
die blüten unter nackten
kirschbäumen
es braucht den wind
meiner ankunft
um wegzublasen
das fremde element
und darzubringen
warmen schnee.

la pioggia d'ottobre

ed è proprio lei la cattiva
che fa cadere le foglie
del mio grande albero
e bagnati com' i poveri
senza tetto
si metton a letto
con molta fortuna
li copre un pezzo
di carta

noi invece che non
stiamo sotte ponti parigini
sogniamo al ritmo delle celesti
lacrime nel caldo dell' esteria
fra i diversi vini
vini rossi come le foglie
e il sangue di qualche
fucilato
in ispagna o altrove

maledetta pioggia
e d'estate rovini
il fieno dei contadini
almeno d'inverno ti fai
neve
e copri i danni tuoi.

flaas 061075

der oktoberregen

jener der wilde
der die blätter reißt
von meinem großen baum
und tropfnaß wie die
obdachlosen
legen sie sich schlafen
im besten fall
bedeckt sie ein fetzen
papier

wir dagegen die nicht
leben unter brücken in paris
träumen zum rhythmus
der himmeltränen im warmen wirtshaus
bei den verschiedenen weinen
rot wie die blätter
wie das blut eines
erschossenen
in spanien oder anderswo

verfluchter regen
und im sommer verdirbst du
das heu der bauern
im winter wenigstens wirst du
schnee
und bedeckst deine frevel.

flaas 061075

lied der einfallslosigkeit

geliebtes land
aus kuhglocken gebaut &
gasthausrauferei

kind des wetters
mutter der trauben

schnaufen der winde
alpenglut
an gruenen fluessen
& zu fueßen
          ein erschlagner wurm
traute gassen
buergersinn stolzer bauernmut
dem welschen feind & schlechter
als der

kind des wetters
mutter der trauben

innige doerfer
blauer schurz & stiere
autonom
heiden im rock der schuetzen
feuerwehr musik

hackbretter zithern
jodeln kann keiner

dem herzen des gottes verschworen

& ueber allem schwebt der henngeier

040575

die kirch ist schwarz geworden
& die nacht hat sich drauf
zum schlafen gelegt
die nacht gesiebt von
weißen
schneestreifen
denen sie auch
die farb genommen hat

nimm mantel hut & schuh &
licht
geh hinaus
& verhilf den flocken
zu glanz

sebastianitag 75 (= 20.jaenner)

krahmoos II

allein durch diesen wald gehen
ueber die tauenden
aecker
im schnee den dreck von
den schuhen
streifen

dann der sumpf
hart gefroren
brechendes eis an den raendern
grasbuckel auf steinerner
erde
fahles gelbes totes
gras

von buckel zu buckel
springen
ein loch treffen
in den fueßen naß
werden
den fotoapparat
im zweifel schwenken

alles da

noch ist alles zu frueh
die wenigen voegel
sind ueber den winter
geblieben
wie in dummheit
stehen die duerren foehren
herum
das eis schwitzt

bald wird es sein
daß das moos voll ist
& der wind zum kleinen
wellenkraeuseln kommt

aus dem wald
rinnt schmelzwasser
ein
stetig
mit alten nadeln

die sonne wird steigen
waermen die laichschnuere

der mond dann die umarmten
kroeten

licht faellt ein

210373

de vita oswaldi von wolkenstein
anno domini MCMLIIIVIII

es war ich war so gegen vierzehn
& wollte einfach wissen wie welt aussieht.
so hab ich zugebracht mit not
bei vielem volk
drei pfennig im sack & ein belegtes brot
das war so alles.
von fremden & freunden geschlagen
gerade so
daß ich davonkam ging ich zu fuß
& dann nachricht
daß mein vater *tot*.
auto hatt ich keines
doch ich stahl es mir & wurde
mir gestohlen.
laufbursch hab ich gemacht &
koch & autowaescher & chauffeur
& dann in kreta
warens blaue hosen was ich
noch besaß.

im strengen land der deutschen
war ich
wie ich auch in litauen war &
weiter nach sibirien
irgendwie uebers meer in die tuerkei

bei mailand wieder herum
spanien frankreich & schweres
mit der polizei
zehn sprachen mit hand & fuß
erlernt: franzoesisch sehr viel
brockenweis arabisch russisch
italienisch & dergleichen mehr
da hab ich langsam spielen
gelernt
auf seltenen floeten die gitarre
war mein ein schlagzeug auch
so lebt sichs.
ich hab umfahren inseln & buchten
auf großen schiffen manches land
da ging eines davon
unter
auf einer schwimmenden tonne
hab ich mich gerettet
damals war ich fast reich
das ganze geld versank.
am ufer nahm ich dann
nackt wie odysseus von einem reichen mann
die tochter & sie gab mir
ein armband mit das ich
nicht vergessen kann
& kettchen & viele ringe.
wie ich mich so mit dem schmuck
den einflußreichen leuten meiner heimat zeig
die mir halfen & mich
unterstuetzten
brechen sie in lachen aus &
erklaeren mich fuer irr
sie beten ein gebet fuer meine
seele.
da will ich in mich gehen
in oestlicher schau

aber das dauert nicht lange
zwei jahre geht mein hang
auf kontemplierende lehre
& weil ich wieder wegmuß
ein auge hab auf eine
da fing ich an zu reisen ganz
mit normalen mitteln
zu ihr
so hab ich abgeworfen was mir
an weisheit nicht zustand
& trieb sport
alles vergessen der nebel verzogen
seither hab ich mich
um sie geschlagen.
es waer zu lang erzaehl ich meine not
dazu braucht's den einen mund
von dem mein herz gefangen wie vom tod.
viel schweiß verbrauchte ich bei ihr
mein gesicht ist dick geworden
rot & bleich bei ihr & vor erinnerung.
zum teufel bin ich alt
wenn ich so lieg
& zittre seufze stoehne
daß kein genuß mehr bleibt.
ach kaelte regen schnee
tun nie so weh
wie das.
wenn ich mit ihr schlafe
fehlt mir mitte & maß ...
bei ihr zu sein fahr ich ab die straß
damit sie kleiner wird mit ihrem haß
& wenn ich bei ihr bin
dreht sich elend in genuß.

auf einer griecheninsel
fand ich
eine weiberkolonie
ohne einen mann
bisher nichts schoenres
hab ich gefunden
außer SIE
wo ich SIE doch tragen
wuerde
auf haenden
allein
in den fremden laendern
steigt mir ihre liebe in den hals
& schmerz & not retten mich
vor dem ersticken.
wenn ich in elend
druck meine haend
& sie baendigen muß
mit großem leiden
SIE ist nicht da
& ich will ihren gruß
von frueh bis spaet.
kein schlaf bedeckt mein auge
& das allein
schulden ihre arme mir
ihr wißt genau wie das sein kann
die plagerei
als SIE mir sagte »gut! genug!«
fuer ernst
wenn ich wueßte
daß ich SIE nimmer find
ich wuerde weinen wie ein kind.
jetzt hab ich gelebt & hab
40 jahr
& alles ging an mir vorbei
fuer kindsgeschrei

im eignen haus
waer es wohl zeit
aber vergessen kann ich die eine
nicht die mir mut & zorn & leben
gab in dieser welt
in dieser welt hab
ich dafuer angst mich zu binden
an eine die mir befiehlt
in dieser welt hab
ich keinen narren getroffen
wie mich & keine gefunden wie
SIE

ich fuercht sosehr das weiberbellen.
mein urteil mein rat hat
vielen geholfen & mir ehre
gemacht
bei leuten die ich frueher
vor den kopf gestoßen mit meiner
schreierei
ich bin nicht mit vernunft gesegnet
daß ich die welt verbesser
& weiß nur
– weiß wer wann ich enden soll –
daß an den guten meiner taten
ich bewertet werde
waer ich ein simpler glaeubiger
geblieben
ich waer der gnade gottes voll

170273

beschneites land

die fueße sind mir
nicht mehr warm
die großen flocken
verderben in der kneipe

nur laerm der scopaspieler
ist der stille draußen
gleich & das trocknen
meiner fueße

220173
zuel

von dem fleischlichen verlangen

I
wo einer hat
kann nur einer sagen
ders hat

den einen verbrennts
den einen bringts um
dem einen zerreißts
die hoden

oh
von dem fleischlichen verlangen
kann nur einer sagen ders kennt

mich verbrennts nie
mich machts nicht hin
meine hoden sein noch ganz

wie lang?

II
von dem fleischlichen verlangen
wo ein weib beruehren kann
weiß ich nicht viel

es beißt sie
hab' ich sagen hoeren

III
von dem fleischlichen verlangen
allein
wird man nicht satt

IIII
von dem fleischlichen verlangen
zu schreiben
wozu?`

handle was fleisch verlangt.

040173

I der kasten knarzt
drinnen sitzt
in mitten heller
maedchenkleider
ein nackter

die hausfrau
wischt stiegen

II das leintuch ist
ueber die leiber
gelegt

vom brunnen bricht
ein rohr
das zimmer wird
naß

wie das rohr
gerichtet wird
knarzt der kasten

dez. 72

wenn geld & geschmack sich paaren

wenn geld & geschmack
sich paaren
& noch dazu
vielleicht einer
in der familie steht
der weiß
wie feine haeuser
gebaut sein.
dann allerdings
bin ich
gefueßelt wie ein
trottel
mit dem regenschirmgriff

& das wasser der
  lache
  ist mir bad
& warm daß ich
  nie aufstehn
  will

was haben sie an
mir fuern narren
gefressen?
(oder ich an ihnen
der neid?)

oder ich an Euch
den neid?

181172
5^{45}

»krank« in riffian

in diesen zwei traumschweren
naechten
mit bloßen episoden
von mord totschlag
inzest & freiem fall

bis es mir den schweiß
hertreibt

in diesen traumschweren
denen die bissige sonne
am morgen nicht maechtig
ist
geht von mir jede kraft

das gesicht faellt mir
ein & drueckt mir
den magern bart heraus
die haare stehn mir
weg
als borstiges heu

meine muedn haende
zittern an mir herum
& haben grad noch
gewalt
ein feuerholz anzureißen

mein oeder kopf ist
ein vogelschwarm der
schreit was ich da
geschrieben hann

[30.5.72]

der skorpion

ich frag ihn nicht
woher er kommt
wo er genistet hat

neben dem bett
auf der mauer
ist er gestanden

in einer kalten
mai-nacht

zwei zentimeter
ist er vielleicht lang
ohne
schwanz
elfhundert meter ueberm
meer

ich frag ihn nicht wo
seine eltern sein

er ist ein
ereignis

[19.5.72, 0 uhr 25]

in memoriam sarah fassloch

nimmer darf ich
vom los der toten schreiben
ich der ich keiner bin
so begnueg ich mich denn
mit der lebendigen sarah

in der schreckl. christ
hann sie geliebt

sie stirbt mir unter
den haenden

bevor ich sie begriffen
faellt
ihr stein ueber sie

sarah

260671

st. sebastian

sie haben ihn eingezogen
mit langem haar
das haben sie ihm rattenkurz
geschnitten

da ist er
ihr spott geworden & ueberhaupt
hat er nicht getan wie
sie
geflucht gehurt das pferd
zu tod geritten

einmal jagten alle uebers
feld
den feind erschlagen

keinen hat er ueber sich
gebracht
& war bleich im gesicht

ihre wangen waren rot
vor blut & bier & wein:
sie nehmen ihn binden ihn
& schießen auf ihn ein

mit der nacht kommen
engel seine todeswunden
lecken

hungerburg 260471

troestliches fuer maridl

I aus dem
kahlgeschlagnen
west klingt Deine not
herauf

mein kind kind
mein kind

waeren doch unsre
haende ineinander
& waere Dein weinen
naß in meinem gesicht

schneefrei der suedhang
des tales schneefrei wien
im stuermischen sonnenfinsternis-
tag

Du aber kind
aber Du mein
kind
begraben unter eis
das Dir den atem aus
den zaehnen nimmt

lamento II schau

die haeftlinge aller welt
singen Dir
lieder
die kranken aller zeit
schreien Dich
an
wer Du bist

aus dem kahlgeschlagnen
westen bringst Du nur
knochen mit nicht das herz
das traegt sich schlecht

ermuntern soll ich Dich
& brauche selber not
flieh & komm & rette Dich
mit mir
von unbewußter gefangenschaft
in eine die man kennt

komm laß Dich schaenden
auf griechischen inseln

laß mich zucken unter
angeschlossnen
kupferdraehten
bis mein mund ist
aus mehl die zunge
ein ball

schreien laß uns
die not vertauscht
mit echter

aus dem
kahlgeschlagnen westen
sind wir
geschoren geraedert
mit abgeschnittner brust
& ich mit ausgerissnem glied

III weine nicht nicht jetzt
denkst Du sind diese dinge
geschehen
vor jahren meinst Du
nein
heute an uns wenn wir
menschen haben die uns nahe
werden muessen in
ihrer qual

von uns gequaelt die
wir aufrecht gehen wie sie

schau

unsre haende lassen sich
nicht ineinander falten

Dein weinen naeßt mich
nicht

auch kuemmert mich
wenig das leiden
fremder
leute oder voelker
haben wir nicht not
genug – von der zu
schreiben ist?

nein!
ich bruell Dich an
geliebte
nicht unser ist die
not wenn
wir sie nicht von
jenen andern haben
die eines einzgen gedankens
wegen
nur eines wegen
in zellen kauern arsch & knie
in wasser & kot eine ratte
im schoß

das geplaerr von unsereinem ..
senkt nie den wasserstand

wann werden wir je einem
toten begegnen der fuer kommen-
des
als heutiger ketzer am seil
sich schaukelt?

nie

aufforderung IV aus dem kahlgeschlagnen
westen flieh ach flieh
zumindest Du
mein Kind

260271

komischerweuse

herbst 1970

allein meine augen triefen
entzuendet in licht oder
farben dieses sich in kitsch
ueberschlagenden wienerwaldes

allein
es draht sich in mir das
fieber von quelle zu quelle
die alle versickert sind
zu arteriell roten faeden

wie
schnitt – die narbe an der
ich kratze zeigt davon –
zerbrochenes glas mir die stirn
als ich mit dem tisch ich
mich ueberschlug

im hause von erling

im hause von erling
allein meine stirne trieft
von blut & er leckt es mir
von der brust

allein meine augen triefen
vom wimmern aus angst
nackt rinnt in die
haare mir das rote

171070

ich bin so voll erregung
daß ich zu zerspringen
angst habe
wie ein wasserglas

& auszulaufen zu
versickern in den klaffenden
spalten des bodens
der frisch
gescheuert ist
mit sand & asche

& wieder ergreift erregung
mich
daß etwas geschieht
zwischen eulen
& spritzendem lack
daß mir die schuhe
zerfallen
in rinder

030970

muede meine haende wie
leere tauben
voller ringe & gold
haengen sie

muede mein mund wie
ausgeloeste krabben

voller zaehne aus grauem
elfenbein klappt
er
zu

gespalten mein geschlecht

bergen 300770

til bergen

I die flucht wird nicht gelingen ich weiß
mein ganzer mensch doch wird frei sein in
den zwei tagen

das flatterflatterboot wie ein schnarchender
zieht es ziehend mit vollem bauch dahin
wo ich will

II ich werde essen
ich werde trinken
ich werde sein

alles wie der junge
gott

das schlafen aber
bringt traum mit
sich

III kaum hab ich
bisher die sonne
gesehn
nun sticht sie in
den fjord

III b (quant'è dolce
l'amarezza del nord)

IV nach einem oestl. lied
ich werde einen corriere
della sera kaufen ich
werde mir einen wein
zahlen lassen

wie gluecklich werde ich
sein

V im halbschlaf werde
ich onanieren
halbtraeume erdenken
halb & halb bin ich
fremdling & ganz
bin ich da

fra bergen

I ruhlos ist mir maul &
geist
gesperrt in den knaben
der da in bronze
ruht
auf dem quader

ruchlos ist mir maul &
geist
gefangen in erdrueckten
traeumen aus schlangen
einem moerder
von 7 jahren

ruhlos mein geist
mein maul
gefangen im sumpf

II zu ende gehen langsam
dic gedanken der
freizeit
beschlossen ist das geld
das ich stunde
& der nachwelt
erhalten bleibt

pirkko was soll
ich sagen

gesprengt gehoert
das denkmal der
schiffer

III die mystifikation
einer 900jaehrigen
bringt leben in die
alte

IV meinen basco der
verloren war
mein basco
aus sardinien
hierher
verschleppt
man bringt ihn mir

V was hab ich gegessen
heute was?
ein fruehstueck aus
lachs & krebsen
eine finnin mit den
augen ein bier
sickert leicht in
meinen rachen
magen oder leib

VI was hab ich zu verlieren
in diesem land aus
helden & gewoehnlichem
volk was hab ich hier
zu sein wo langsam
oder tot der verkehr
in den straßen
zerrinnt
die ruhe laeßt mich
meine ruhe verlieren
die erregung ist mein

bergen
290770

seit sieben jahren
lebt in meinen
kleidern eine spinne

wie ich sie damals
gefragt was sie wolle

hat sie gesagt:
ich liebe dich &
du liebst das sterben

seit sieben jahren
leben wir zusammen
lieben einander
& jeder hat jeden
  in seiner gewalt
& so frage ich tag
  für tag ob ich
  sie zerdruecken
  soll

heute loest die frage
sich
in meinen achselhaaren
haengt eine gewobne
kugel
mit jungen drin

[4. 7. 1970]

in der dichte der sprache

in der dichte des gestruepps
aus wort
& gegenrede

eingebaut ins poetzleinsdorfer wein-
haus
trinke ich fremd
& moerder den rentnern
ein rotgetupftes
glas leer.
aus notdurft
eingebettet allein

[30.3.1970]

tutta la spaventosa verità II

non è vero
dico di no
mio padre
padre mio
mio padre
morirà
d'assassino

ha
amazzato
me

però vivo

[10.2.1969]

die ganze erschreckende wahrheit II

es ist nicht wahr
ich sage nein
der vater

mein vater
der vater
wird sterben
von mörderhand

er hat
getötet
mich

doch lebe ich

tutta la spaventosa verità

no
non è vero
no
no
non è vero
no
non ha mangiato
il padre

[9.2.1969]

die ganze erschreckende wahrheit

nein
es ist nicht wahr
nein
nein
es ist nicht wahr
nein
er hat den vater
nicht gegessen

krahmoos

in den rinnsalen vom schnee
im getauten staut sich auf der flaeche
das wasser
das gras vom vorjahr
die foehre im sumpf verdorrt
der schrei verirrter wanderwasservoegel

die sonne waermt auf
so daß du die schuhe auf einen
ganz bestimmten
stein stellen kannst
die hosen auf kniehoehe
krempeln und waten und waten

im wasser des fruehlings
auf die insel zu auf die foehre
die du dann
liegend fotografierst
manchmal trittst du auf
einen zu frueh gelegten laich
oder auf eine hochzeitende kroete
die wirfst du dann
senkrecht in den himmel

und sie faellt – klatsch
ins wasser zurueck rudernd in der luft
zum sonnenbrand ist es zu frueh
zum laichlegen
zum schwimmen immer zu seicht

du kannst das schale gras vom vorjahr, wenns
ueber das wasser ragt verbrennen.
die voegel hast du laengst vertrieben.
im waldschatten liegt schnee.

am morgen ist das moos ein parkett aus eis.
am spaeten nachmittag dann
  – wir haben ganze tage im sumpf vertroedelt
ist das wasser warm, klar und gelb wie
harn.
waten kannst du waten wellenwerfen
    kroetenwerfen
    gott einen enterich sein lassen
    die schule auf dem stein lassen
    unter der foehre feuer anmachen
    das kannst du alles

[7.3.1969]

das noennchen

schwester kann
ich eine
lilie
hamm da vom
linken beet
die lange
mitn drei blue
ten oder
braucht ihr die
alle fuer
euren braeu
tigam

schwester kann
ich deine
liebe hamm
da anr lin
ken brust laeg
ich gern o
der braucht ihr

das alles
fuer euren
braeutigam

schwester koepf
die lili
en zupf den
schleier der
braeutigam
ist da

4.8.68

alto adige
alto fragile

reiseland
durchgangsland
niemandsland

zu lange das requiem
als daß die tote erstuende
aber die grabreden
geben die leiche nicht preis

andreas hofer
laeßt sich
nicht ver(d)erben
aber der sarg
ist noch offen

ha-ha-hai-
heimatland

11.3.68

Lyrik aus den Sammlungen

klampflaute aus der dusteren provinz & weltstadt

beschimpfung des gastgebers oder bunte oesterreich illustrierte

mai 1970

weißt du das land in dem
die besten maedchen
kronenzeitung lesen

ach
ihre eierstoecke sind
verpestet & voll moerderischer
blutgerinnsel

sollten sie gebaeren
traegt das kind
von anfang an
das mal der
dummheit

wer traut sich den kerlen
zu sagen mit den langen
schwaenzen
die matt haengen
und mit offner hosentuer

in den parks die kinder
schrecken
wer traut sich ihnen das
zu sagen als ich
norbert conrad kaser

das schwein ist zu
sauber
um euch den namen
zu geben
doch ihre amts- &
titelwut versteift
sich drauf
rotweißrot
zu sein wie jenes
ins banner
gewickelte ferkel
das sie dem buergermeister
schenkten

zahlt sich denn aus
euch zu befetzen
wo ihr genueßlich
in der zeitung lest
von einem maedchen im sumpf
mit sieben stichen im geschlecht

zahlt sich denn aus
wo ihr mit krawatten
eure geilheit zaeumt

ich wuerde sagen JA

wie ein trampeltier
will ich in die zarten
blutversauten gaerten
eurer seele brechen
unter meinen hufen
sollen eure preiselbeeren
quietschen & zermatscht
will ich euer hirn
vor mir liegen sehn
mich an eurer dummheit ekeln

leider gibt
es hierzulande
keine neger & dergleichen
der kohlentraeger
ziegelschlepper ist
ein welscher dem
ihr in die augen speit

um eine viertelstunde
spaeter
entbloeßten haupts
im lied
andrae hofer zu
erschießen

im winter fuettert ihr
die armen voeglein tot
im fruehling waehlt
ihr gruen und rot

am liebsten beides
(s'ist kein unterschied)

im sommer dann macht ihr
mit vielem unverstand
politik fuers tote
rote gruene vaterland
im herbst seid ihr
schon engagiert
im hinterzimmer vom
guten hirschenwirt
so rundet sich fuer
euch das jahr
wie gut daß es nicht

anders war

waer ich doch ein fisch
laege vergiftet im wasser
zur trauer den weibern
waer ich ein weitentfernter
vietnames
verfault im reis
zur freude den maennern
waer ich ein totgesoffner
am innsbrucker bahnhof

alles waer ich gern
nur nicht bei euch

waer ich nur ein toter taxilenker
waer ich nur ein rentnermoerder
waer ich nur ein kinderschaender
waer ich nur
                student

alles
nur nicht bei euch

wenn ich ein dichter waer
floeg ich zu euch
wenn ich ein metzger waer
kaem ich zu euch
wenn ich ein dummkopf waer

mit euch schrei ich dann:

schlagt sie ab die niedern rassen
preßt sie aus die niedern klassen

& adolf muß her
& das freie oesterreich

vor kurzem erst
am dreißigsten april
haben sie am wiener rathausplatz
eine kleine schar israelscher
kinder vorm großen kreisky
aufgetrieben
auch eine reiche menge
fackelbestueckter
roter falken die
laut schrien
»freundschaft«
(aber nie der volkspartei)

vor kurzem erst
am fuenfzehnten mai
haben sie am wiener ring
eine große schar mittelschueler

an der alten alma mater
aufgetrieben
auch eine reiche menge
fahnenbestueckter
studenten die laut
schrien
»kaambodschaa«
(doch nie fuer oesterreich)

vor kurzem erst
im grauen april
haben sie in tirol
eine sehr große schar schuetzen
aufmarschieren lassen
um in haspingers
fuchsigem bart
linke floehe zu suchen

warum ich euch
eigentlich befetze
ihr schlagt mir bestens
die brillen ein
& den schaedel

legt bitte meinen
kopf
nicht unter die straßenbahn
gebt ihn bitte nicht
den rentnerinnen
der suedtiroler landesregierung
der mafia oder gar nach mantua

zerschießt mir
das gesicht bei unverbundnen
augen

die haende auf dem ruecken
tritol unter den hoden
wie es sich fuer
tirol
gehoert
aber vorher
bitte
bei ruhig festem schritt
geb ich euch einen tritt
daß alle eure adler
wackeln

Sammlung ohne Titel
(1969)

fanciulla romana

fanciulla romana dagli occhi
spalancati
                    apri
                            la bocca
che die fragole ho per te
                    apri
                            la bocca
sentirti vorrei

fanciulla mia romana
chi sa
            se già
                        viva o morta
sei
apri la bocca racconta

non esiste per noi una vita
non esiste per noi una casa
un tetto   un prato
i tempi
ci separano

mädchen in rom

mädchen in rom mit so runden
augen
          mach auf
                          den mund

ich hab erdbeeren für dich
          mach auf
                    den mund
dir lauschen möcht ich

mein mädchen in rom
wer weiß
          ob du schon
                    bist
oder warst
mach auf den mund erzähl

es gibt für uns kein leben
es gibt für uns kein haus
kein dach   keine wiese
in anderen zeiten
sind wir

solange der baum die aschene unterseite seiner blaetter zeigt

so rennt die amsel
mit dem wurm
im orangenschnabel am boden die
straeucher hindurch
geduckt
warum sind heute die kraehen so fluegge
ihre gefransten fluegelfedern
sind weiß
vom himmel der durchscheint
warum aber – nur weil der juni
fertig ist – sind so viele
voegel unterwegs
von bachstelzen zu schweigen
wir alle
warten

bis die marillen reif sind
der bahndamm windschief haengt
solange der baum die aschene unterseite
seiner blaetter zeigt
geschieht nichts

. . . . Ἔρος δ᾽ ἐτίναξέ μοι
φρένας, ὠς ἄνεμος χὰτ ὄρας δρύινἐμπέ⟨τ⟩ων

sappho

endlich sappho
– es war zeit –
weiß ich
wie sturm vom berg
sich in die eichen
stuerzt
von dir
und liebe
nennst du es
wenn von den geschuettelten
ebereschen
die roten kugeln
auf die straßen
springen und rollen
liegenbleiben sich treffen
zu paaren
mehr noch weiß ich von dir
das herz
dem wind
offen wuetet er darin
wie bei uns hagel
im langborstigen roggen

11.7.1969

ein scherzo fuer kinder

birnbaeume

ein birnbaum ist ein großer baum
im fruehling blueht er
im sommer macht er nichts
im herbst wirft er birnen ab
sonst ist er gruen vor freude
und im winter hat er kein blatt

pass auf
wenn du im herbst
unter ihm vorbeigehst

ein zweiter scherzo

wenn kein wind geht

rauch steht
ueber den kaminen
folglich geht
kein wind
die rehe fressen
nasses gras
die pflaumen
schwimmen im saft
der kaefer fliegt
ins ungarland
und auch der
luftballon
ganz leicht …

noch ein dritter

der neger

auf der wiese sitzt ein neger
mit einem roten bart
mitten in den gelben blumen

was macht er da

auf der wiese sitzt ein neger
und malt die gelben blumen
ganz groß

ein vierter scherzo

die flasche

ich habe eine puppe
meine puppe trinkt milch
ich habe eine floete
meine floete trinkt musik
ich habe eine flasche apfelsaft
und die ist leer

scherzo 5

in einer geschichte
gibt es einen zwerg
der eine große nase
hat
eine lange nase ist
sehr interessant
aber leider

in dietenheim hat keiner
eine
    oder doch?

scherzo 6

der kuchen

am sonntag gibt es kuchen
am montag, am dienstag,
am mittwoch undsoweiter
die ganze woche

das beste am kuchen
sind die sultaninen
oder wenn man genug
davon essen darf

scherzo 7

Vom Mond

der mond ist sehr schlau:
er wird kleiner oder
groeßer wie es ihm grad
paßt
nur moechten wir alle gern
wissen was der mann im mond
tut und seinem kalb
zu fressen gibt

scherzo 8

das knopfloch

das knopfloch beklagt
sich bitter beim knopf
der knopf ist zu klein
und macht sich immer
davon
endlich hats ihn richtig
erwischt und er muß bleiben
bis zum
abend.

scherzo 9

was du nicht tun sollst

laß keine fliege in
    der milch baden
laß keinen fuchs bei
    hennen uebernachten
laß keinen wolf das
    rotkaeppchen fressen
laß keine maus ueber
    den speck spazieren

scherzo 10

was man haben muß:

weiße stiefel muß man
haben
und eine kanne voller

schwarzbeeren
und eine floete
und eine kleine freche zeh.

scherzo 11

im grase
lauscht ein hase
starrt das schwarze
schießrohr an

im grase
liegt ein hase
starr weil er toter
nicht mehr laufen kann

februar 72

was soll ich sagen

habe die zeitungen gelesen
und daß ich muede bin
ganz einfach muede davon

da auf dem tisch liegt
eine karte von brixen
vorne mit fruehling herbst
                sommer winter &
                zwei wappen
ich nehme nichts mehr an
als die geschloßne schere
die karte zu
                - zerteilen…

2.9.69

scritto per teste pesanti

apro i piedi al primo passo
la testa pesante mi fa male
al collo
che dall'aperta camicia si vuol
liberare

così i miei pensieri di piombo
mi fanno parlare:
mai prima soffrì tanto sotto il calore
di questa terra
piena di parchi

schrift für schwere köpfe

ich öffne die beine zum ersten schritt
der schwere kopf tut mir weh
am hals
der vom offenen hemd
sich befreien will

so machen mich meine bleiernen gedanken
sprechen:
nie zuvor litt ich so sehr unter der hitze
dieser erde
voller gärten

la tua terra

sai che la tua terra
ti puo far morire
non per nostalgia
        (questi tempi ormai son passati)
ma per l'esperienza
che nessuno ti ama

sai che la tua terra
ti puo amazzare
perchè tutti ti vogliono bene
morirai sotto i loro baci soffocanti
        tu che non li amavi mai

allontanati
torna però

deine heimat

weißt du daß die heimat
dein tod sein kann
nicht weil du zurück willst
        (diese zeiten sind vorbei)
sondern erlebt hast
daß keiner dich liebt

weißt du daß die heimat
dich töten kann
weil alle dich mögen
du wirst sterben unter ihren erstickenden küssen
        du der sie nie liebte
geh fort
doch kehr wieder

huettenlieder

I

rauch steht mir
in der huette
macht mich weinen
als zwiebel bei der

lektuere von marx
so baue ich mir
mein haus
auf dem verlassenen
huegel unter traenen
die frau

II

der junge mann mit
dem krug
& aschfarbenem nabel
der krug
den er immer haelt
        der nie leer wird
        ein wunder
was wunder?
wenn der wein..

III

ich bin allein
mit zwanzig schilling
oder weniger aber
einzelnen muenzen
aus verpanschtem kupfer
die ihren wert haben
bis
brixlegg

IV

ich bin allein
mit meinen zeilen
& einem
unuebersetzten sonett

von franco fortini
der herd hat zu rauchen
aufgehoert
gott gnade dem herd
mein hartnaeckiger herd
rot vor glut
ist die maserung
des eingeschuerten
holzes

V

die verwundungen
die ich mir zugezogen
beim speckschneiden
sind ausgeheilt
meine haende
sind rußig

VI

zusammensinkt
die glut
rußland ist weit
die proletarier hier
die nicht wissen
daß sie's sind
erfreut ein walzer oder bier

9.11.69

miniaturen & hymnen
(1969)

hymnus

an die arbeit

an die arbeit ihr weiber
es laeßt sich nicht sagen
wie der schmerz
in den nieren sich festsetzt
oder in den lungen der feine
wollstaub in den haaren der
gestank rinnt durch das blut
es laeßt sich nicht sagen
                                        nur
        alles eher als
        der vogel im fluge
steh gebeugt fuer wenig fraß
in der sonne im feld
mit deinen eigenen haenden
ganz deinen eigenen hack
wuehl die kartoffel aus
                                        du
        meinst zu fliegen
ei wie lustig brennen die
qualmenden kartoffelfeuer
merke: wer nie sein brot
        im schweiße seines gesichtes
es rinnt herab
der vogel fliegt
                                        auch
sind die freuden nicht besonders
der fraß das geld im kino nichts

neues nur die weiber
aber die haben vom stehen dicke
fueße
blaue fueße mit blauen adern
adlerkrallen
prreßlufthammer staub nichts
als staub in augen nur staub
in mund in der nase die ohren
in watte der ziegel rutscht
das brett
herab

hymnus 2

an dschang dji

beim bau der großen mauer heben
10.000 mann im gleichen takt die stampfer
karl der große haelt dazu mit beiden
faeusten kraeftig baertig stark sein
schwert hin herrscht die sachsen an
heißt sie springen du aber nicht beruehrt
vom neuesten europas wußtest wie
die maenner zu ziegeln
steinen
lehm
moertel
balken
sich verhaerten
fuer den kaiser
was des kaisers ist

der beamte dschang dji nimmt bestand auf
dschang dji sagt in versen
reimen
silben
worten

alles dinge die niemand hoert
du siehst es   es schmerzt dich
das sehen   es juckt dich zu schreien
hinzurennen vor den unsterblichen kaiser
hinzurennen
hintragen zu lassen in der saenfte
als irren lachen sie dich alle aus
auch er du rennst mit versen hin
die aufseher lachen
den 10.000 mann haben sie die ohren
abgeschnitten
die koennen
auch
nicht lesen wie die sachsen haben
sie weder noch glauben du rennst mit versen
christus siegt ueber die sachsen
weil er des kaisers ist
die mauer wird fertig
weil sie des kaisers

hymnus 3
oder ist das noch ein hymnus

an bruneck

motto:
wer nimmts mit klein
haeuslern auf?

in wenigen gassen versauen hunde ohne zu
achten auf gelbes pulver die granitportale
auf der rienzbruecke saust ein schweizer
flach zu boden das motorrad brennt sehr
schoen
die einheimischen italiener machen den ein
heimischen die mode vor

vor dem corso-restaurant droht ein krie
chender besoffener der ladinischen wirtin
in die beine zu beißen (ganz recht
sie machen alle ihr geschaeft der homosexuelle
stoffhaendler drueckt sich vor erpressung
frauen und konkurs (das darf man nicht
sagen
alle wissen alles
an markttagen kommt die landbevoelkerung
der dekan lebt leider noch
der buergermeister wird ausgewechselt
einer schnappt ueber einer schnappt ein
einer erfriert
manche halten sich fuer stinknoble buerger
man riechts
die alte hinterhuberin geht immer den
bachdamm entlang ihr mann war kleptomane
und hotelier (ganz recht
nisi gegen die toten
der waldfriedhof ist kitschig weil dort nur
soldaten liegen – auch tuerken und juden –
und er allen gefaellt.
das schloß gehoert wie koennte es anders
sein dem bischof   nicht mehr lange
alle zuenfte vertreten sich die beine
maler sind da aber nichts wert (kuenstler
huren und maezene gibt es nicht (waere noch
schoener
alle wissen alles
das geht nicht anders bei diesen zustaenden
kraempfen blinddarmoperationen
einen schoenen gruß der johanna die gerade
im schlachthaus liegt (blinddarm
pater guardian ofmcap. ist ein baer (gelinde
gesagt
das deutsche bruneck ist unpolitisch und

waehlt geschlossen eine einzige dumme partei
das italienische brunico hat viele
parteien sie sind die kluge minderheit
man soll nicht mit italienern sympathisieren
non sposare mai una ragazza tedesca
man sollte ein auto haben um im issinger
weiher schwimmen zu koennen der dem reichen
innerhofer gehoert (er verkauft badewannen
bruneck ist geschaeftig und klug im geschaeft
ortsunkundigen ist der fuehrer von fabrik
direktor larisch zu empfehlen dann sieht
der unkundige sofort wie dumm wir sind
uswuswuswusw ......
nimms
mit kleinhaeuslern nie auf
du wirst nicht mehr fertig damit
du bist ihnen nicht gewachsen
du wirst selber einer
so daß man dir
einen kaffee mit
alpenschlagsahne
bringen muß zum
maulwaschen

hymnus 4

an aias

o tod o licht o tod o licht
o heilige felder von salamis

du stehst auf in gewalt
deine ehre ist dir verdorben
verkracht vom kampf

mit schafen rindern kaelbern
deine ehre wird dir gewonnen
wenn du
                    abgestreift aller verblendung
mit deinem herz   wo deine seele
                                        sitzt
dem schwerte hektors
einen kuß gibst   einen nur
so schließ ich die augen
und seh nichts und weiß
                        er tuts
er kueßt nuechtern geworden
                            das aufgepflanzte schwert
am strand

o tod o licht
tekmessa   weib
eurysakes   mein kind
            tekmessa
                        o licht
seid still er stirbt

die lange unbemessne zeit bringt alles
verborgene hervor

3.6.69

hymnus 5

an die natur

nie wird die phantasie sich roden lassen nie der kult von pan dem sinnlichen mittag wo wir unter feigen baeumen saßen auf klappstuehlen. wo die trauben noch bei lebzeiten reifen die stoppeln im juni brennen.

das maultier hunger mit oelgetraenktem brot gestillt wird. nie wird sich roden lassen der genuß gekuehlter fueße im schlamm des mittagsgewitters. wenn tolle tropfen als blitz auf achseln und brust prallen und die flucht in eine huette. zu den oliven saeuerlichem wei n. ueber die felder ragt in der gestreiften sonne die tot e stadt die stadt der toten der marmortafeln. hier ist da s leben unter feigenbaeumen und sabinos liebeslieder n, unter druck des tomatenvollen magens. hier war es daß ich akte malte mit oeligen fingern in die luft mit re inen zehen in den schlamm. hier betrank ich mich an sabinos saurem wein. hoerte von dieben die naechte b evoelkern mit olivenvollen saecken. und die fruchtbar keit doerrt die seele. nie wird zerstoert das land apu lien.

dez. 68
18.7.68

hymnus 6

an die ziege

so fuehle dich stolz du ziege
schnellfueßig kletternde
denn kaum einer von deinen
ist es vergoennt in die blutigen
haende des goettlich irren aias
zu fallen
er haelt dich fuer odysseus
den haemischen feind im eigenen
lager der ihm die waffen achills
mit listen
abgejagt
so meckere laut er hoert

odysseus lachen   dein maul
mit den schnittigen zaehnen
ist ihm des feindes blinkender gaumen
                    selten o ziege
wirst du fuer den ithaker gehalten
nicht alle tage widerfaehrt dir
die ehre frisch vom gras weg an
das zelt des feurigen aias
gebunden zu sein
morgen schon nehmen die goetter
die blindheit von ihm
nuetze die stunde
des ruhms

auch wirst du gerettet

4.6.69

hymnus 7

an den regen

die soffitten sind gezogen
schwarz ineinandergestaffelt
mit blitzen verbunden
                    und donner
der regen ist da
die feinen glaesernen rohre
            wachsen von oben
                        zu boden
die oelflecke kriegen
            raender in den
wuetenden farben der skala
            aus dietenheim
        steigt dafuer in den wald
    ein bogen

zur freude der
kinder und alten
die soffitten sind gezogen
die sonne bricht
ein

4. 6. 69

abendessen in basel

das bahnhofrestaurant voller huehner
in scharen haengen sie an schnueren
gegen die decke hin
als lampions in der zweiten
geschnitzt in der ersten klasse
heute HUEHNER
nichts als HUEHNER
in solchen situationen
und weil ich wenig geld habe
kaue ich fingernaegel
und trinke bier

hymnus 8

an den etruskischen apoll

500vchr
de todos los tiempos
bist du figur mein gott
der kunst gott schreitender
ave luculls haarpracht ahnend
etrurien
tuskisches land ewig

immerwaehrender gott
der kunst
kunst selber
immer kunst
rinascimento der falsche begriff
immer kunst in der toskana nur
geographisch etwas
einen deut verlagert
apoll mein gott
mein schreitender in haarpracht
meine ohren gekraeuselt
der hals das rohr im schilf
meine augen mit mandeln
ausgelegt
mein mund sinn
immer
kunst
apoll mein gott
de todas las épocas
y
de todos los tiempos
500vchr

hymnus 9

an …

dich sah ich letzthin
ich weiß
du nimmst
vor der chines. (pillen)
kulisse
der wasserfall
die felsen aus der ortseigenen graphik

zweimal kopfgroße
            hellrote sandstein
kugeln als abschluß
            zur schafmauer
die insel   du das bild
verwandelt sich in den see
      von denen ich keinen
                        gruenblauer
  je
      sah
vor der kulisse lagst du
der faun
der mueden

hymnus 10

an das was man gemeinhin
erinnerungen nennt

fuer elfi

selten steigt es auf das gefuehl
alles was man erinnerungen nennt
was da an locken zoepfen und maschen darin
baelle die unters auto rollen
kranke puppen   kleider fuer die kleinen
selten steigt es auf in schaukeln und
rollern   fahrraeder ein blaues
mit silber oder war es rot?

zerschlagene knie traenen den ganzen tag
spiele
am abend waren wir immer muede
schliefen wie steine   katzen schrien
uns in die traeume

das taschentuch hatten wir zerknuellt
unter dic kopfkissen gestopft
die haende waren gewaschen
ueber die rienz flogen fledermaeuse
maikaefer in der viel zu großen kirche

unter dem schnee den wir mit unsern
schlitten abwetzten lag matt straehnig
dunkelgelb das gras von frueher

dann verkauften wir wieder bunte bohnen
je bunter je teurer   denn die puppen
hatten fieber
die zaehne fielen uns aus
die zaehne wuchsen uns nach
wir hatten auch warzen
haeuser wurden abgerissen
                                        unsere haeuser
haeuser wurden aufgebaut
                                        unsere
so lernten wir schwimmen   groeßerwerden
geschlagen haben wir uns nie
                                        selten ……

hymnus 11

an das embryo

sinne unentfaltet
schwimmst DU ohne
erfahrung &
kreuzwortraetsel
            loesung
in dem was wir alle

wollen
          im garten
auch ich schwamm

hymnus 12

an venedig

venedig Du stadt porto maghera
Du land aus schloten mestre auch du?
der hafen venedigs liegt
herzhaft in europa
venedig Du stadt
wo man dich immer geradeaus weist

Du bist ein greuel wenns regnet
und weil Du ein greuel bist mein greuel
der
regen im calle im kino
                    regen
          calle del volto
Du meine stadt seltene
ueber die bruecken zu safir
zu s.polo ruga vechia
                    johanna du?
du auf dem campo s.maria mater
domini   2267
ueber die bruecken..

sinkende stadt
mit hinterland
die aus dem padovanischen fahren
hin und her mit dem zug von 12uhrsechs
und sie verlassen das wasser
ich war betrunken

griff
nach dem portal – sie schrie
du ersaeufst
ich → zurueck
geh ueber bruecken

bertha

zu recht hat bertha den namen
die holunderblueten
an die große brust gepreßt
sie wird sie in schnaps
ansetzen das hilft
gegen leiden vieler art

den namen hat bertha zu recht
bertha ist eine maechtige frau
an gewicht und wesen
das bier – taeglich fuenf –
gibt ihr kraft
die besen zu fuehren

13.6.69

barbara

barbara berthas freundin
spricht von nichts lieber
als den erfolgen der aetherischen
oele
der schlohweißen holunderbluete
von auswurffoerderung
getriebenem harn
ihren kindern

mutet sie das zeug zu
wenn die grippe sie erfaßt
sie selber nimmt den schnaps
gegen das stechen da hinten
am ruecken
das hilft   das kommt vom vielen
  kehren

13.6.69

hymnus 13

an die worte meines deutschlehrers

urwaelder aus zeiten und woertern
bis auf die voegel baut keiner
nester hinein
wo den kopf hinlegen im unterholz
der phrasen wo jede fichte
mit himbeerstauden gepriesen
wird
ich will es anders sagen
ich kannte mich bei ihm nicht aus
und es ist arg   wenn raetsel
sich reiben
raetsel verdichten sich treiben
fruechte blueten fruechte beeren
das unterholz
hat steinhalden und schlangen
die koerbe der sammler werden voll
so
seine rede ein wald ein hag ein hain
der busch
schneidender farn
haselgerten schlagen um sich

nuesse platzen mir auf dem kopf
        die sammler aber werden reich
gut
manche sagen das waere fuer sie
verwunschen oder vergessen
haben wieder ihre rechtschreibfehler
urwaelder aus woertern
gestruepp
raeuber moerder darin geschaendete
verscharrte frauenleichen
haensel und gretel
aber noch viel mehr
                                        sonne darin
                                        novemberfaeden
                                        dezemberschnee
christrosen   hallimasch und fliegenpilz
wo den kopf hinlegen im farn
                                                            ueberall

orationen mit lyrik
(1968/1969)

alltaeglicher abend

wenn es nacht wird
macht der mensch
licht an liest zeitung
hoert radio einige
beten

betrunken stinkend
gewohnheitsdieb
asozialer ein zigeuner
laeutet entsetzt
haue ich die tuer
zu sperre ab lese
zeitung

eine katze raunzt
verirrt der leser
tut ihr auf weil
es nacht wird kalt
er gibt ihr milch
ein kissen ist beruhigt
liest weiter

ein beter tut ein
fenster auf will
frische luft fuer
sein gebet ein
kanarienvogel kommt
verflogen er holt

eine schachtel
watte brot ist beruhigt
betet weiter

italienischer pfarrer

ein hut schuetzt
seinen kopf
er huetet seine gemeinde wie sie gehuetet sein will.
er liebt kinder
schwarzen kaffee heimlich raucht er. seine erziehung
ist lueckenlos
katholisch gewesen. er hat sich an die weisungen von
oben gehalten ist
gut gefahren dabei. das große schicksal ist ihm erspart
geblieben. als
lese-zeichen hat er sich ins brevier gelegt ins evange-
lium. er ist nicht
beliebt nicht verhaßt. der pfarrer spricht mit jedem der
mit ihm spricht.
er segnet sogar leichen ein die er selber getauft hat.
leider. er hoert
sich das weinen der verwandten weiber an oder
laechelnd das feurige
gefluche eines unklugen kommunisten. er scheint
regungslos.
nachts schlaeft er gut tagsueber geht er seiner arbeit
nach ißt was ihm
gekocht wird bildet die ministranten aus laeßt sich die
kirche saeubern
die zweite soutane buegeln liebt die kinder trinkt
kaffee. woher ich das
alles weiß. ich kenne ihn. ein fischweib hat ihn einmal
verflucht das hat

sie ihm gebeichtet da hat er beide sie und sich vom
fluch erloest.
in der messe hat er fuer einen angelo gebetet der vor
so vierzig jahren
vom fischzug nicht heimkam. da kommt er die strand-
promenade daher
in der sonne sieht die agaven an leute meer voller haie
bettler verkaeufer
serviermaedchen gianni genaehrte fremde fotoapparate
schenkel hallo
gianni fischweiber dreibeinige katzen lecke boote.
hoert holzsandalen
lautlose brandung zahnloses beten der fischweiber.
spuert schweiß in der
soutane und eine kinderhand in seiner
ein hut schuetzt seinen kopf
wie die hand des herrn

bericht

bericht von der beerdigung
eines soldaten

zwei schlanke maulesel
zogen mit dem sarg den
wagen
die luft gelb die maul
tiere loewengelb gelb
loewe und tiger die
auf dem wagen um
den sarg lagen
in einer rechtwinkligen
kurve kamen vor der
kaserne in was gelbem
die maultiere zum

dramatischen sturz
im baeumen
sprangen ihnen die
bloßen knochen blutig
offen aus den knie
gelenken der sarg
purzelte vom deckel
springend von kollernder
leiche befreit auf die
          gelbe straße
loewe und tiger balgten
sich herzhaft herunter
gefallen am boden
solange bis ich mich
auf eine teppichstange
retten konnte dann
erst fielen sie wuest
wuetend in die trauer
gaeste

ich sitze seither auf
der stange

bad

fuenf leute rannten den strand hinunter im
laufen sich der kleider entledigend die wie
gedanken hinter uns liegen blieben. krabben
erschraken. wir stuermten das laue abendsalz
wasser das mit milder welle sich im boden
verlief. wir gewannen die tiefe holten aus
mit armen beinen gewannen das meer. draußen
wo es sich gekruemmt dem auge vorenthaelt sah
ich die lichter der fischer fuer ein feuerwerk an
oder warens sterne im wasser. und sahen wir

liegend auf dem ruecken an land so kamen uns
in langen streifen entgegen die lichter der
promenade wie die singend hellen stimmen der
frauen. das wasser wusch unsern koerper fort.
der duemmste von uns rief: quant'é bello il
bagno cosí nudo! dann kehrten wir zurueck
sammelten gedanken und kleider.
wir haben im dorf noch die ganze nacht getanzt
selten kehrt man zurueck
das macht die freude
und das meer das
IHM
gleicht

fischweib

sie hockt und
schuppt fische ab
sie freut sich wenn sie fotografiert wird man ihr fische
abkauft. sie
feilscht. sie weiß nicht daß man sie wichtig nimmt. sie
paßt uns
ausgezeichnet in die landschaft. sie weiß nicht daß
man sie nicht
wegdenken kann. uebrigens wuerde sie das zu wissen
nicht weiter stoeren.
in der nacht waelzt sie sich auf ihrem seegras sack hin
und her und
riecht besonders nach fischen. da flucht sie dem
pfarrer das kreuz ab
denkt an die kinder die sie haette gebaeren koennen
waere nicht angelo
vor zweiundvierzig jahrendreimonatenfuenftagen
ertrunken. weil sie nicht

schlafen kann im ruecken sticht was faengt sie den
rosenkranz an. an
ihren fischen zaehlt sie die gebete ab nicht an perlen
und weil sie zu
zweit sind lassen die stiche nach. sie reden zusammen
die vielgepriesene
juedin und das weib monoton wie frauen reden wenn
sie alles sagen. sie
schlaeft ein
am morgen
sie hockt
und schuppt
fische ab
wenn sie nicht
schlaeft betet sie.

habe gemacht

habe gedichte gemacht
mit ohne tendenzen
unabsichtlich absichtlich
verworren verdreht

von Dir herr
herr der dichter gesaenge
lieder traumen dramen ideen
habe ich noch nichts gesagt
was bleibt einem der von
Dir sagt als spott
verachtung verstaendnis

eigentlich wollte ich nichts mehr
sagen
so fuer ein monat

der bruch im gefuege ist sichtbar
die offene wunde musen sind aus-
geeitert
schreiber suhlen sich im warmen blut
dann

dann
hat sich bei mir von neuem was getan
jener wind der so ueber
seelensaiten zu streichen
pflegt

liege auch im weltbruch
    ganz unten
    ganz oben
zwischen buechner und karl may
dante nur kann sagen in welche
schichte ich zu ordnen bin

in dieser regung habe ich einen
vorwurf gesucht bin traeumend
unter bilder gegangen habe alle
verworfen dann gedacht man koennte
Dir was schreiben obwohl Du sehr
zweifelhaft bist

BRIEFE

Briefe aus Norwegen

An Joseph Mair

stord 300770

lieber sepp

durch geographische veraenderung allein aendert ma n sich meiner meinung nach nicht so schnell auch die aenderung der situation was denken handeln oder so anlangt ist bei mir nicht so tiefgreifend wie man mein en moechte. die flucht zu sich selber gelingt immer. ic h genuege mir.
so habe ich zum beispiel nichts zum lesen & das ist irg endwie gut so daß ich *nicht* ein buch habe. die flucht z u mir oder in mich hat sich durch groeßeren literarisch en ausstoß gezeigt. zum lesen bleiben mir nur eigene s achen. ich habe groeßere kontrolle ueber das was ich s chreibe. das heißt nicht daß die texte besser wuerden dadurch es liegt vielmehr ueber ihnen etwas verkramp ftes abgesehen vom schritt zurueck: mich draengt es z urueck zum manierismus. nicht meine urspruengliche vitalitaet will ich haben. das traurig schoene, das negat iv schoene, das grausig schoene moechte ich »beschw oeren«. das bringt aber schreibarbeiten mit sich die ich seit jeher gehaßt habe: klassizitaet, eleg. pathos, senti mentalitaet. pfui.
doch zurueck zum thema fluchtwege & fluchtarten das Du in Deinem brief mit fast kranker sehnsucht angesch nitten hast. wie nun Deine flucht wirklich aussieht hab e ich nicht erkennen koennen. deshalb bleibt es bei me inen ausfluechten fluchten & fluechen. flucht nach vor n oder nach hinten. ich habe beides gern. geographisch auf alle faelle vorwaerts was mit sich bringt daß ich in

neues milieu einfalle das ich dann spaeter in die erinne rungskette einbauen kann. nach vorne auch insofern d amit meine augen neues sehen daß ich in das intime ei ner landschaft eindringe daß ich in ihr schlafe. flucht in s hinterland tritt immer dann ein wenn mich das gefue hl vertraegt. wenn ich mit situationen nicht fertig werd e weil ich sie hasse weil sie mich durch ihre gewoehnl ichkeit & gemeinheit um den geschmack des lebens br ingen wollen. dann wird zurueckgerannt sozusagen an den schurz der mutter: im schreiben, denken & reden ... ans meer ins kinderbettchen in den wald an *mein* m eer *mein* bett in *meinen* wald. durch das vorwaerts baue ich mir also haeuser in denen ich dann (bei der flucht nach rueckwaerts) wohnen kann. je mehr stuetzpunkt e um so besser: bunker fuer alle arten von kriegsfuehr ung.

wenn ich aber in mich selber fliehe so ist das ein zeich en daß etwas nicht in ordnung ist. nur weiß ich nicht was. dann bin ich eingesperrt in die zelle des geistes: d a wird nichts geraeumt auch nicht das kleinste. nur du rcheinandergeworfen neue unordnung geschaffen. mi tten in exkrementen & getrockneten blumen haust sic hs da & jaehrlich wird neues material angeschleppt. ni chts aber bringe ich aus mir heraus... (vielleicht nur aber nur vielleicht besteht hoffnung durch das schreib en einiges herauszuschmuggeln). so habe ich zum beis piel durch das brixner referat einen großen scheiß dreck in meine zelle gesetzt. anfangs hat er schrecklich gestunken mir wurde fast schwach davon. jetzt ist er ei ngetrocknet ein wenig geschrumpft aber wegzubringe n nicht. auf einer anderen flucht habe ich im vinschga u eine blume abgerissen in den mund genommen dara n gekaut. jetzt steht sie unter einem glassturz. wehe ic h hebe das glas auf: ich habe angst sie zerfaellt zu staub ... sie ist bleich & sehr schoen.

[...]

jan erik vold

rapport	rapport
de er reist på fjellet Sårer vil ikke gro de er reist på fjellet	sie fahren in die berge die wunde heilt ihm nicht sie fahren in die berge
	norbert conrad

nach einem tanzabend

sie gehen still nebeneinander in der hellen nacht dann singen sie er auf ihren wunsch ein italienisches lied be im dritten vers bleibt er stecken. es singt sie norwegisc h. er versteht nichts die melodie rieselt an ihm ab.
sie beginnen zu reden belanglose dinge um nicht wic htiges sagen zu muessen. was ist oder war schon wicht ig. dabei erfaehrt er daß viele hier krank sind besonde rs die frauen. sie kommen mit haenden die zittern in die sprechstunde & koennen die arme nicht heben. fra uen um die dreißig mit ein zwei kindern. das sind die nerven. sie laeßt sie dann auf tonband die sorgen sprec hen. alle sorgen gar alle. die aufnahmen werden nie ab gehoert. auch maenner sind da um die dreißig. impot ent die ruhe dieser insel frißt sie auf. die sorglosigkeit was geld oder zukunft betrifft.
er lacht.
er begreift nicht.
er spricht von sich.
immer aus der vergangenheit die eigentlich draußen i m wasser verankert liegen sollte ohne an land zu koen nen. seine vergangenheit das staendige ausweichen. d och er hat verstanden zu leben versteht es noch auf der haut anderer sich weiter zu unterhalten als mistel efeu oder pilz.

das sagt er ihr aber nicht. honig spricht er der zaeh auf sie zurinnt sie einschließt als fliege so glaubt er.
es spricht wieder sie.
am ortseingang stehen die haeuser der reichen. drueb en eine unbewohnte insel da rudert sie oft hin mit bue chern bier allein ist sie dort. auch schwimmen koenne man wasser liegt um 14 grad. so ist das hier. der tag ver laeuft ohne sich zu kruemmen.
er begreift.
er spricht: ja er kennt diese situation dauernder einsa mkeit & wie ist es im herbst im winter hier da muß fru eh nacht werden bei diesen sommertagen die in wahr heit nicht enden. es ist zwei aus der hellen nacht wird eine noch hellere. sie gehen dahin ein zwei meter ause inander. auf der straße liegt schotter. gestreut.
er spricht: daß er einmal lehrer war in einer maedch enklasse. er hat gut verdient & alles verbraucht: buech er & wein. o nein: keine maedchen. er denkt noch ge rn zurueck da hat er sich was leisten koennen. er ist fr ei gewesen hat auch betrunken unterrichtet. norwege n haben wir damals gruen bemalt wegen der vielen ba eume daß es so groß ist hat er sich nie traeumen lasse n. ist auch gleich: mitteleuropa vernachlaessigt den no rden.
sunnhordland was ist das schon. eine wasserzerschnittn e geographisch zerfetzte region nicht weit von bergen in eurem sueden.
ja gut sagt sie. irgendwie kann sie verstehen. sie verste ht auch nichts von seinem land. er spricht nicht viel da von. politisch ist die lage verworren schwer deutbar u nbegreiflich fuer sie. es wuerde zu weit fuehren. sie ha ben noch zeit. in zukunft.
draußen die unbewohnte insel. ihre konturen werden schaerfer. aus den umrissen ihrer gluecklichen tage wi rd ein profil. die kirche hat viel macht hier das heißt ei n fanatischer zweig dieser kirche ob bier getrunken wi

rd oder nicht. wein muß aus bergen herbeigeschafft w
erden. in einigen haeusern brennt noch licht wegen d
er kinder die die angst oder der hunger gebissen hat. u
m die ecke wohnt eine neugierige frau die kann ueber
haupt nicht schlafen. so ist das hier sagt sie & lacht dab
ei. sie pfeift vor sich hin. er summt eine ganz andere m
elodie. ein zwei meter voneinander gehen sie dahin. e
r kennt von ibsen nur nora & seit ein paar tagen einig
e klavierstuecke von grieg. er sagt nocheinmal wie se
hr mitteleuropa den norden vergessen hat. er tut als b
edauerte er das. aber er hat sich ehrlich fuer die lyrik h
ier interessiert. quisling fasziniert ihn. sie lacht & spric
ht:
hat dir die musik gefallen & das tanzen. sie arbeiten vi
el mit dem ellbogen auch war die musik zu laut man k
ann nicht reden muß sich direkt in die ohren schreien.
sie denkt an anderes auch er. wie ein nagel steckt in se
inem denken ein wunsch oder eine frage wie kann ich
die distanz von ein zwei metern verringern wie kann e
r an sie herankommen wie kann er mit ihr SCHLAFEN
oder wo. wie durchbricht er eine papierwand. will sie
denn? sicher will sie gewiß das ist kein zweifel das ist s
icheres wissen um ein beduerfnis das auch sie hat: wie
ist gleichgueltig ob mit ab- oder zugewendeten gesicht
ern. sie erreichen das dorf. sie hat hunger. kaese ist no
ch da & brot. in der kueche so scheint es ihnen ist licht.
sein freund wird da sein der ihn beherbergt sonst ko
enne er ihr nichts geben.
wie sie ans haus kommen ist es finster in der kueche. l
eise ruft er die treppe hinauf einen namen. keine antw
ort. er wagt es nicht einfach zu sagen: komm macht
nichts du kriegst kaese milch & brot.
er will sie heimbegleiten sie wohnt am berg & muß du
rch den wald.
sie sagt: nein geh schlafen ich habe nicht angst.
sie geht

er setzt sich in den garten
oben liegt die mutter krank & wach
frode tanzt betrunken am kai.

[22.07.1970]

An Christian Alton

stord 090870

lieber christian

dieser brief soll ein monstrum werden eine art fortsetz
ungsroman – ich sage bewußt er »soll« denn es ist nic
ht gesagt ob ich durchhalte. jedenfalls moechte ich die
komplette scheiße dieses ersten norweg. monats aufze
ichnen
schonungslose enthuellungen
exklusivbericht
lebensbeichte eines besessenen – ganz so auf die tour
nun auch wieder nicht – aber so aehnlich. zumindest
hoffe ich daß ich dir das was ich fuer die wahrheit hal
te berichten darf. anderen – den meisten anderen – ka
nn ich sowieso nur lauter glueck & wonne unter das h
emd jubeln. die wollen das einfach so: dem gehts gut
der ist weit weg mit dem brauchen wir nicht zu rechn
en norwegen muß ungemein schoen sein & die tochte
r des gemeindearztes kennt er auch etwas naeher wie
er schreibt moral kennen die da oben auch nicht also
ich beneide das schwein & was der fuer nichts & wied
er nichts verdient die dummen haben immer sau oder
endlich gehts ihm gut hat er auch verdient einmal der
harte winter in wien wenn er nur nicht das ganze geld
wieder vertut ... zuzutrauen waer es ihm daß er mit ei
nem koffer buecher norweg. geschirr & kunstkarten a

ber ohne knopf aus dem flugzeug ausgestiegen dann h
ungrig in der haustuer steht.
dieser brief soll lang werden & gilt ganz Dir bis zu eine
m gewissen grad schreib ich ihn mir selber – deshalb bi
tte ich Dich ihn mir aufzuheben ja am besten waere es
es kaeme Dir in den kopf – rein zufaellig natuerlich ih
n abzutippen. dieser brief soll lang werden deshalb bed
arf er einer genau durchdachten struktur eine art kapi
teleinteilung conrad non facit saltus ergo:

a) momentane situation. sonntagnachmittag 14^{43}. we
tter wie so meistens vollkommen bewoelkt neigt zu re
gen. wenn die moewen auf der straße spazierengehen
ist das ein schlechtes zeichen. temperatur um die 16°.
leichter wind. wie ueblich sitze ich am verstecktesten t
isch in der »paletten« dem einzigen passablen lokal. in
allen drei lokalen von leirvik selbstbedienung. sehr mo
derne auch gemuetliche einrichtung. blaue tische sy
mmetrisch gestellt mit je vier sesseln ebenso blau. pols
terung: schottenmuster in rot orange altrosa. tischdeck
e ebenso. konsumiert habe ich ein cola (2 kr) einen sc
heußlichen kaffee zu drei vierteln (1 kr). tabakmarke
ist blå rose. ausnahmsweise sitzt niemand da den ich k
enne. wenn wer kommt unterbreche ich fuer heute. h
inter mir fensterfront aus sechs mannshohen scheiben.
ausblick auf ein paar daecher ganz grau ausschnitt vo
m kai etwas grau-schwarzes wasser anlegeplatz der fae
hren unten steht gerade eine weiß & dick & nennt sich
»STORD« wurde erst vor einigen tagen eingesetzt & ic
h weiß noch nicht wohin sie faehrt woher sie kommt.
wechselnde moewenzahl so zwischen 5 und 12. ein st
ueck tankstelle. hier herinnen die decke ist eine art ka
ssettendecke aus preßholzplatten oder wie die heißen
die sind zu quadraten ca. 20 x 20 cm zusammengest
eckt macht sich ganz gut wirkt aber billig. in jedes 7.
quadrat ist eine lampe eingebaut. der teppichboden ist

blau, dunkelblau & die vorhaenge rot-orange. angene hm schwarzbraun melierte tapeten aus holzfasern sie ht aus wie ein bastgewebe. gottseidank im moment ke ine musik. sonst gibt es immer dezente musik: europae ische oder amerikan. schlager der fruehen sechziger ja hre in norwegisch. grauenhaft: schwarzer kater stanisl aus ich will nen cowboy als mann. das lokal fuellt sich. 15^{12}. von meinen zaehnen spuere ich nichts habe geg en 12^{30} die letzte dolviran-napa eingenommen. die pe nicillinkapseln sind fertig. im uebrigen bin ich stark ve rkuehlt & verbrauche drei packungen papiertaschentu echer taeglich. ein soldat in uniform kommt das ist ae ußerste seltenheit. ich habe kein fieber mehr. das link e unterkiefer ist noch etwas verschwollen klingt aber ab. die tinte geht langsam aus.. ich werde schreiben so lange ich kann & dann mit gefuellter feder zurueckko mmen außer heinz & pirkko sind schon wieder dort. keine gewichtzunahme seit ich in norwegen bin. appe tit sehr maeßig. heute vier kartoffeln butter kaese mi lch & salz ... alles stehend. nicht einmal ordentl. an ein em tisch essen kann man wo ich wohne: in der waschk ueche. das salz ist feucht das mehl das papier alles. nae heres dann im kapitel »das haus in fransen«.
ad a) rueckblende oder wie es zu fieber zaehnen etc. kam. wie Du weißt habe ich nach jeder mahlzeit ein halbes dutzend zahnstocher verbraucht auch im winte r stark unter schmerzen gelitten. mein linker weishei tszahn war ziemlich loechrig & der nebenzahn ohne pl ombe eine ruine.

110870

brev til christian

b) das schaf
heute nachmittag waren wir in den bergen. drei von d er gemeinde. im wasserschutzgebiet. das wasser blau b

lauer habe ich noch keines gesehen im stausee. vorerst wußte ich nicht was wir da oben tun wuerden mit de m wenigen werkzeug: sonst haben wir immer eine un menge mit damit es nach viel aussieht ... gut da oben sieht uns keiner. vegetation wie bei uns in den hochta elern foehren moos schwarzbeeren zwergfoehren soga r fettkraut wo wasser nicht mehr rinnen springen eil en kann sondern nur sickern. einen pickel ein seil zw ei große papiersaecke einen spaten fuer drei mann. de r alte witzbold grinst er spricht kaum seine mimik ist besser verstaendlich als reden .. er spielt sich mit sein em gesicht. das wetter ist gut klar & wolkenfetzen & wind wir fahren mit dem weißblauen gemeindevolvo soweit wir koennen dann bergauf den weg steine baec he schwarzbeeren. nach einer halben stunde sind wir am see. der starke wind spritzt das wasser ueber die mauer. es ist unmoeglich geworden eine zigarette anzu zuenden. noch weiter ... & dann liegt es da. seit mon aten vielleicht der schaedel das uebrige die wolle an de n steinen oder foehrenzweigen. kein fleisch mehr. das sollen wir wegschaffen einpacken & vergraben. der si nn der werkzeuge liegt offen. wenn der wind vom kad aver zu dir weht stinkt es. sonst ist die luft rein klar wie geschnitten. wie einer mit dem spaten unter den scha-edel faehrt faellt die struktur des ganzen leibes in sich z usammen. ich halte den sack auf. es stinkt ... bedaecht ig fuellt man mir ein: an der unterseite des kadavers bi rst leben ueber und ueber sind die reste von flinken we ißen glanzvollen wuermern bedeckt lichtscheu & verfr essen mit schwarzen schuhgewichsten koepfen. in eine m sack hat alles platz es dauert nur 4 minuten das einf uellen. dann rauchen wir. spaeter graben wir ein loch alles hinein & zu. der witzbold stellt sich hin betet wie die hl. magdalena zahnlos mit 80 jahren schnell. darau f schneidet er ein kreuz aus kleinen aesten ich komme mit blumen & der letzte mit einem ganz flachen stein.

ich weiß wir sind kindisch. oder besser: *ich* bin kind isch.
wie das tier zu tode gekommen ist ist mir nicht klar. a dler gibt es anscheinend nicht auch weiß ich nicht das entsprechende norweg. wort. blitzschlag oder ganz ei nfach gestuerzt. das letzte ist sehr unwahrscheinlich b ei diesen wendigen stets im freien lebenden in wolle gepackten tieren. der abstieg gestaltet sich schwierig u nten sind wir mit blauroten muendern unten essen wi r erdbeeren warten auf das auto. zu hause sind wir um 15^{h}. offiziell natuerlich erst um 16^{h} ... arbeitszeit bleibt arbeitszeit.

ad a) rueckblende. diese beiden zaehne sind gerissen. morgen kommen die naehte heraus. gullas vater geme indearzt hat sie heraus auf eben die fuersprache seiner tochter. die rechnung wird an die gemeinde geschickt. versorgt mit schmerz- & penicillintabletten haben sie mich am donnerstag (060870) weggeschickt nach lan gwieriger extraktion. die ruine ist geborsten der weish eitszahn ging ihm leicht heraus. mit der ruinenwurzel hat er nichts anzufangen gewußt: mit gulla im laufsc hritt zum naechsten zahnarzt der stemmt bohrt & stic ht weiter. ich bin bei gutem humor gewesen. noch. gut anderthalb stunden hat das ganze gedauert. zwei stun den habe ich noch gelallt dann ist auch die betaeubu ng vorbei gewesen. fieber. mit bier habe ich mir einen rausch zugelegt dann hab ich geschlafen ... langsam rinnt blut aus dem mundwinkel in den ohrenbart in d en bart – er laeßt sich einen bart wachsen – auf das wei ße kissen. ist auch gleich. vor einer woche hat er einen ganzen tag im regen gearbeitet (lies nichtsgetan) & ist doch naß geworden. seither hat's ihn sowas wie gripp e starke verkuehlung. dazu zwei zaehne.
morgen kommen die faeden heraus. gullas bruder nils tut das. das tut nicht weh. nichts tut mehr weh. heute

abend gehen wir nach litlabo tanzen. litlabo heißt auf teitsch »kleinfeld«. natuerlich mit gulla (sprich guella).

c) die SH
eigentlich ist es umsonst wenn man – speziell ich ueb er diesen club noch gedanken verliert. immerhin bin ic h dabei ... wie Du weißt mit einigem engagement. die SH als politikum oder auch als politisch bewußte grup pe als politisierende gruppe kann mich sowieso in rag e versetzen. insofern ist sie nicht nur dumm wie das sc haf aus kapitel b sondern sogar genauso tot. gerade die SH hat das recht den standpunkt zu wechseln so wie d ie leute wechseln: eintreten & (auf natuerl. wege) auss cheiden. das ist ein zeichen daß der haufen lebt. unver nuenftig aber zum himmel & zur hoelle stinkend ist es daß die politik die zweilageranschauung solche krisen hervorrufen kann. allein dieses trennen in schwarze & weiße ochsen sagen wir nicht schafe auf kosten des ho chwohlgelobten fußvolkes kann nur zu einer verhaer-tung fuehren. die fuehrungsschicht gefaellt sich in rad ikalen ideologismen & bricht auseinander. was ueberb leibt schlecken oder beißen die hunde so da toni ebner seppi gargitter & co silvio magnago & svp ... heißen. mit diesem kopf- oder rumpflosen verein laeßt sich nu r noch politik machen nie wird er wieder aktiv in der politik dabeisein & gerade das hat man angestrebt ger ade da ist man gescheitert umgeschlagen in das was m an unter allen umstaenden vermeiden wollte. hinterh er ist es einfach die lage zu analysieren: die fehler eines paul zanon sind offen (& ich behaupte sie sind schon s o reichlich durchdiskutiert worden daß seine fehler ke ine mehr sind ... oder was hat das ganze gediskutiere sonst fuer sinn als fehler zu beseitigen?) die fehler der lynken & seiner uebrigen gegner sind offen (& ich beh aupte → oben) ich hasse alles »rechte« wie die pest.

ich bemuehe mich es wie die pest zu hassen. ich lege jedenfalls mein ganzes temperament meine spontanaei taet hinein in diesen haß dessen grundlagen lynke ve rhetzung persoenl. erlebnis & emotion sind. warum ab er muß in der politik das heil der seelen liegen warum aber ist etwas nur dann gut wenn es politisiert wird. w arum ist alles politik. sicher ist alles politisierbar natue rlich ist politik die grundlage unserer lebensform uns eres daseins. sicher ist politik schoen & gut & interessa nt & abendfuellend & kassenfuellend kopffuellend. ab er scheiße: kann ich denn nicht mit gutem recht beha upten alles ist literatur ist alles. alles ist schreibbar lit erarisierbar auf literatur zu reduzieren. alles ist poetis ch. scheiß mich der teufel an wenn dem so ist. mir stin kt dieses monopol der politik das die lynken ihr aufzw ingen. unter dem zwang leiden sie dann. irgendwie sind sie damit zu den aergsten »subjektivisten« gewor den: ein schweizer im ausland in irgendeinem zimmer eingeladen: er ißt kaese schweizerkaese der kaese inte ressiert ihn er sieht die uhr aus der schweiz interessiert ihn matterhornbild an der wand ... der rest interessie rt ihn nicht oder er versucht es ins schweizerische zu bringen. so ist es: die lynken interessiert alles politisc he d.h. was sie als politisch bezeichnen ... polizei streik persien. der rest ist zum aergern: kapitalistisch nichtschweizerisch. in zukunft werden wir dafuer sorg en daß alles schweizerisch wird politisiert. was sich d em entzieht wird verfolgt. wir muessen nur noch disk utieren: ordnen rechts & links. die SH hat sich als nicht total politisierbar im linken sinne erwiesen: folglich ist sie uninteressant. die SH die schule der demokratie des bewußtseins. auswege duerftest auch Du nicht finden sofern das auswegfinden ueberhaupt zu Deinen komp etenzen gehoert. daß aber aus der ehemaligen schwa rz-weiß-konstellation ein einfarbiges schwarzes ding z ur welt kommt mit noch weniger toleranz (als das sch

warzweiße) mit noch weniger vernunft durchschlagkr aft etc. waere nach moeglichkeit zu verhindern. sonst eine bombe hinein & die ruine sprengen damit ja kein e immer radikaler werdende clique uebrigbleibt die fu er jahre fuer die SH zeichnet gelder nimmt stellung ni mmt in den rauhhaarigen schwarzen schoß ins loch der kirche zurueckfaellt. um diese sprengung ist die SH-lynke zu bitten. letzter liebesdienst. keine schoene leiche bitte.
mamatschi mein pferdchen lauft davon.
daß SHs zukunft duster wird haben wir schon lange g ewußt, daß sie so schnell ins lichtlose sich verzieht. me in gott wo wollen wir armen wuermer nun die lichtbl icke hernehmen. sterntaler hat es auch auf unser hirn nicht geschneit. sollen wir sagen laß die SH dieses jahr sang- & klanglos nichts getan haben. ueberhaupt nic hts. sollen wir den nachwuchs abwarten ... wenn do ch lauter koeßler franzis drunter waeren. sollen wir gr as in die wunden wachsen lassen oder zusehen wie sic h der radikale rest die SH unter den nagel reißt? wir so llen vieles nicht was wir tun wir sollen vieles. kassa ndra glaubt sich selbst nicht mehr. ich werde mir imm erhin bis zum herbst – mein gott ich habe ganze ewigk eiten zur verfuegung – gedanken machen fuer die wie ner gruppe Dir auch in einem der folgenden briefe vo rschlaege machen: jedenfalls versuche ich zu beweisen daß nicht unbedingt alles politik ist. kultur oder kunst sind auch noch da. & ich weiß daß Du mir helfen wirst einmal das kochende wasser mit »kultur« abzukuehle n aus wien fuer uns etwas machen. es lebe die kultur die subk. die afterk. die antik. & der jodler der heurige meine ross' im stall...

wie sehne ich mich danach.

zur situation: bei doktor's zum abendessen. bude stu rmfrei: doktor in oslo auf einer aerztetagung. gulla hat gekocht norweg. kaesegebaeck. karin ihre schwester is

t da ein bild von munch ist sie mit fließenden haaren.
karins mann håkoon magister d. philosophie dissertier
t ueber wittgenstein. interessanter gespraechspartner.
nils zieht morgen meine faeden aus. gulla kommt.
gulla komm!

stord 130870
paletten 17^{50}

stillheten	stillheiten
igjen denne stillhet over	wieder diese stille ueber
sovende grå hager	schlafenden grauen gaerten
ikke regn ikke torden	nicht regen nicht donner
fyller luften	fuellen die luft
men stillhet som trette	nur stille die streitet
sokende	suchende
fuglevinger mot	vogelfluegel (hin)gegen
marken	die felder
sigrun odegård *1948	*woertl.* uebersetzt

d) die literatur
nun was ich so schreibe wirst Du vielleicht wissen wo
llen & zu Deinem entsetzen ziemlich fiel pardon viel. i
ch bastele an einigen romankapiteln herum verfasse b
riefe die sich blicken lassen koennen mache auch das
was ich so gedichte nenne. im oe 3-magazin in der »lit
eratur am mittag« bin ich auch erschienen macht so a
n die 120 oeS. außerdem soll »das wort im gebirge« he
rausgekommen sein & was Du ueber die SH anthologi
e weißt kannst Du mir ja schreiben. fabelhaft allerdin
gs waere es wenn Du mir gar eine schicken koenntest.
die storder texte sind bereits in wien bei joseph mair d
er sie mir abtippt & je nach bedarf an den orf oder an
die rai weitergeleitet hat. antwort habe ich aber weder
von den oesterreichern noch von den italienern beko

mmen. angenehm ist hier daß kein interesse fuer mein lyterarisches tun lassen & verbrechen herrscht. trotzdem schreibe ich wie gesagt viel: das hat seine gruende: monotonie des lebens & wetters & der arbeit dann fremder boden fremde sprache neues land & neue erfahrungen eindruecke etc. eigentlich geht mir erst jetzt der knopf auf daß ich so weit weg bin vielleicht ist es durch das schreiben zur bewußten erlebten erfahrung dieser insel gekommen. wie gut allerdings die texte sind wird sich im oktober erweisen. jedenfalls verpatzen mir euphorie depressionen & gschaftlerei sehr viel. ich gefalle mir einfach zu gut.

e) gulla moe
gulla mein traum mein alles mein fruehstueck mein herz mein alles mein momentan. laß Dir erzaehlen mit welchem ungestuem mit welch verhaltener schoenheit ich wie ein tag- & nachtpfauenauge um sie schwebe schwelgend in der pracht meiner fluegel.
aber erst morgen. vorerst muß ich sie nocheinmal sehen ... sehen ... sehen & fressen

eingeschoben f u. g
f) heinz singer
Du weißt wie sehr ich die relativ kulturlosen leute vom welthandel schaetze jedenfalls
jedenfalls ...
das gerede von der »kleinen« welt in der man sich nach bedarf auf die fueße tritt ist wahr. was ich nie erwartet haette .. hier treff ich einen aus ried im innkreis: welthandel in frodes haus. er war eine woche vor mir in stord aufgetaucht mit drei kollegen davon ein indonesier. frode hatte ihm arbeit versprochen. am 130770 begann er zu arbeiten bei der gemeinde. heinz ist ein bramarbas typischer fall von eisenfresser noch dazu besitzt er stark zentralistisches denken .. d.h. er setzt sich i

n positur immer & ueberall mit der naiven aufdringlic hkeit die mir den juckreiz in die finger treibt. er weiß daß er er ist doch nicht wer er ist. er kann sehr unertr aeglich sein. sein fremdsein hier hat er weidlich ausge nuetzt er war die erleuchtung norwegischer bierabend e. wenn er von sich spricht dann von seiner karriere al s statist im film: agenten sterben einsam. neben richar d burton ist er gestanden burtons frau liz taylor war au ch dabei. auch seine verschiedenen wein- & bierraeusc he laeßt er immer aufleben: wie er einen stuhl zu klei nholz umgewandelt hat wie er zweimal in den see gef allen ist wie er sich in grinzing zu benehmen (= daneb enbenehmen) pflegt. dumm ist er nicht unbedingt. do ch fehlt ihm jeder stil. er hat keine persoenlichkeit. & do ch kann er liebenswuerdig sein er kann gut kochen m anche story aus seinem leben gelingt ihm & ist er unb eholfen so ist er ein kind ... unbeholfen ist er nur alle zwei wochen fuer 10 minuten. mehr gesteht er sich ni cht ein. bei der gemeinde arbeitet er mit mir. wir arbe iten gut zusammen ... beide sind wir gleich faul & im mer einig ueber arbeitstempo laenge der rastpausen ar beitsanfang & -ende. auch im uebrigen komme ich aus mit ihm ich bin einfach still passiv laß ihn gewaehren. wozu bekehrungen? heinz fuehlt sich als bekehrter ni emals wohler abgesehen daß ich die seligkeit auf erd en nicht besitze. heinz hat praktisch keine stimmungs kurve zumindest nicht meine wenn er lacht koennte i ch ihn oft versohlen wenn er verkatert ist sollte auch i ch verkatert sein. wozu? laut vorgetragene fremde mei nungen duldet er nicht obwohl er selber kaum meinu ngen hat. nur einmal bin ich mit ihm zusammengekra cht weitere diskussionen habe ich gemieden: pirkkos wein war gekommen bergen ist weit & wir tranken .. da stellte ich die behauptung auf einem menschen aus haß aus wahrem berechnenden haß (nicht aus affekt oder so) die faust ins gesicht zu schlagen ist aerger als hundert hunde langsam zu tode quaelen. der streit wa r da. von nun an beleidigt er mich nicht mehr kann er mich gar nicht beleidigen auch wenn er die wenigen di nge die er von mir weiß mir als nadeln ans herz setzt was er gerne tut. wir pflanzen uns soviel wir koennen. kommt einer von uns aber zu schaden machen wir auf geeinte rotfront. den namen celan hat er nie gehoert. sonst ist er sehr sozial viel zu sozial fuer einen welthae ndler & nicht kleinlich wenn in der rechnung eine kro ne fehlt oder ein bier aus der kiste. im winter werden wir ihn uns nocheinmal ansehen anhoeren muessen. i ch habe keine angst vor seinen geistigen trampelpfade n. ich kann ihn gut leiden … koexistenz.

g) pirkko tengman
gehoert zu heinz. heinz hat sie aus finnland kommen l assen. sie wohnt mit uns. sie ist aus reichem haus. sie hat in einem monat 3000 kronen verbraucht. auch wir haben stark an ihr gezehrt … das mag der grund sein: ich möchte pirkko tengman heißen aber nicht sein. sie ist haeßlich zum anschauen. blonde schlechte haare ei n breites gesicht unmoegliche kleidung einen gang wi e ein nilpferd. ihr becken sprengt die cordhosen die sie immer anhat. pirkko ist sehr nett sonst. faul & temper amentvoll. ihr deutsch das sie sich in einem einzigen ja hr angeeignet hat ist gut. heinz hat sie fest in der hand: sexuell & finanziell nutzt er sie aus ohne daß er es viell eicht weiß. pirkko tut mir leid sonst aber nicht im aug enblick ist sie sehr gluecklich. ich mag pirkko gern doc h sie ist niemals ein fall fuer mich: die beiden sterben f uer beat ich sterbe mit. ich habe durst nach beethov en manchmal stoeßt mir sogar der unertraegl. wagner auf. beat kann wie man weiß sehr schoen sein ich vers tehe einfach nichts davon. haakon gulla karin & nils st erben auch fuer die musik. pirkko schwimmt gern. pi rkko ist trinkfest. anfangs studierte sie an jener modeh

ochschule in wien. das hat sie aufgegeben. sie will in die werbung ueberwechseln. sie wird es zu nichts bri ngen. sie ist zu reich & zu faul. auch pirkko wirst Du in wien sehen. um 17^{50} sind sie nach bergen gefahren hei nz & pirkko. morgen werden sie in oslo sein. heinz will nach finnland arbeiten nach lakti in die bierfabrik. we nn die arbeit gut ist reise ich [in] einer woche nach. ic h will endlich arbeiten. hier gehe ich drauf. warum sol lst Du in der dritten oder vierten fortsetzung erfahren. briefe sind noch immer an die alte adresse zu schicken … man wuerde sie mir auf alle faelle nachsenden. irge ndwie werde ich allein sein wenn mode & welthandel mir fehlen

kap. e wird ein andermal behandelt.

paletten 150870
ferragosto 12^{33}

e) nun zurueck zu gulla
ich werde gulla nie fressen.
sie ist fuer mich ei des kolumbus & gordischer knoten. nur gewaltloesungen werden mich zum ziel bringen s o stehe ich in der ungewißheit: wirst du je mit ihr schl afen oder nie. ich koennte die frage direkt an sie stelle n & sie wuerde ja oder nein sagen ganz einfach ja oder nein denn wie ich sie kenne hat sie diese antwort sch on seit tagen gefaellt. da wuerde werbung nichts mehr nuetzen. so bleibt es bei der werbung. viele zeichen we rden hier nicht verstanden alles wird mir zu offen geh andhabt. das verschreckt mich. ich bin irritiert. im ueb rigen ist sie sechsundzwanzig. sie studiert paedagogik & psychologie in oslo. im herbst hat sie fertig. ein jahr hat sie deutsch unterrichtet hier. das muß ein verbrec hen gewesen sein. außerdem ist sie die glueckliche ko mbination von intellekt & sentiment … das was ich m

oechte. manchmal behandelt sie mich wie ein kind das
ist angenehm dann wieder laeßt sie mich voll und gan
z als person gelten. oder sie nimmt die gitarre & singt
& spielt monoton behaebig lieder die ich nicht kenne.
sie kleidet sich verrueckt.
ich atme. 12^{45}
gulla schlaeft mit vielen .. d.h. sie schlaeft gern. mit fr
ode hat sie sommer fuer sommer ein kompaktes verha
eltnis & harte worte ueber ihn. schlafen & jemanden
moegen ist etwas anderes sagt sie. dann wieder ringt si
e im bett einem verleger ein fuenfjahresabonnement
seiner zeitschrift ab oder einmal will ihr ein rechtsradi
kaler journalist 500 kronen geben: sie nimmt an wenn
er am morgen mit ihr die 500 kronen an den osloer un
derground schickt. er verzichtet. hart ist das leben in o
slo. im heim sitzen sie & spielen gitarre diskutieren sin
d einfach da & leben. sie ist ein kluges kind. oft sind wi
r zusammen fahren mit nils in die berge & wandern. w
enn ich den schafen steine nachwerfe dann mault sie.
oder ich gehe einfach hinauf zu dr. moes haus & lasse
mir zum essen geben. weinen sagt sie ist gesund. ihre
augen bleiben immer groß grau & weit offen so erwec
kt sie den anschein vollkommener ehrlichkeit. warum
sollte ich weinen. im augenblick bin ich so leer ich hab
e keinen fluch keine traene meine gefuehle sind flach.
das einzige interesse ist sie & im verhaeltnis zu meinen
interessen in suedtirol oder wien moechte ich das kein
interesse nennen. zaeh wie honig sind hier die tage gl
eich ist jeder jedem & alles ist egal. ich habe das gulla
gesagt. sie versteht nicht daß ich ausbrechen will aus d
ieser ewigen fadheit: gut in oslo & bergen geschieht m
ehr sie ist auch lieber dort & was das leben hier anlangt
so lebt sie ihr eigenes. hier leben wohl alle nur fuer si
ch & selten wird in fremdes leben eingebrochen oder
gar ein gemeinsames gesellschaftliches aufgebaut. kitt
& kleister ist nur der alkohol. davon spaeter.

nun zurueck zu gulla
gulla ist natuerlich nicht schoen ansaetze zu einem doppelkinn zeichnen sich ab ihre haende sind geschickt. sie ist ganz frau eigentlich paßt der viele intellekt nicht zu ihr. musik bedeutet ihr viel besonders harte neue amerikanische. ich mag amerika nicht. auch an ihr merkt man die einfluesse von jener subkultur. sich ganz gleichschalten zu lassen dazu ist sie zu klug. etwas kritik hat sie sich bewahrt. das dumme an mir ist daß ich gulla liebe oder sie lieben moechte. solche dinge gehen mir nicht von der hand. da traeume ich leichter & lieber den sentimentalischen traum des zukurzgekommenen. das so glaube ich gibt mir das recht traurig dreinzuschauen. gulla weiß das.
am liebsten moechte ich heim.
gulla werde ich vergessen nie aber karin ihre schwester.

b) karin 13:25
karin ist so schoen so einfach schoen daß einem die vergleiche schwerfallen. vielleicht ist sie die botticelli-venus oder doch besser jenes maedchen von munch mit den fließenden haaren jenes bild das ich in meiner kammer unter dem zaehler haengen hatte.

16:25
»auf reisen nimmt man alles hin die empoerung bleibt zu haus. man schaut man hoert man ist ueber das furchtbarste begeistert weil es neu ist. gute reisende sind herzlos«. elias canetti. fuer den sueden stimmt das fuer den norden nie.

paletten 170870 17:20
zu e + h woher frage ich mich nehme ich die frechheit zu dramatismen zu visionaerem gedudel hier ist die realität hat sie zu sein: ich bin in gulla verknallt & karin ist ganz einfach schoen. freita

g fahren sie nach oslo. karin ist mit håkon verheiratet
& hat einen 4jaehrigen sohn namens klaus. håkon
studiert philosophie & dissertiert ueber wittgenstein. mit
ihm laeßt sich gut diskutieren auch nils gullas bruder
ist ein bombenkerl. & komisch sie moegen mich & wu
ndern sich wenn ich wie heute nicht zum kaffee kom
me. ich haette große lust freitag nach oslo zu fahren m
unch-museum & so. gulla habe ich fuer mai 71 nach w
ien eingeladen. gut .. sie kommt wenn nicht der stude
nt aus oxford dazwischenfaehrt & mit dem sie sich fue
r ein paar jahre liieren will. keine ehe.

i) das fest bei reidar johannessen. reidar duerfte 60 se
in beamter & 1,60 m groß. er leidet sehr darunter daß
er so klein ist: er sammelt komplexe & klass. schallpla
tten. in der braunen zeit war er begeisterter hitlerian
er. wieviel noch haengen geblieben laeßt sich schwer f
eststellen. er spricht gut deutsch versteckt sich aber. er
ist wild auf weibliches fleisch. samstag 150870 und 20^h
und reidar bittet zum fest. es war ziemlich fad. beethov
ens 5. klavierkonzert dann tangos & wenn man an der
musiktruhe vorbeitanzt springt die nadel in den rillen
herum. zuerst zwei glaeser wermuth dann zwei cogna
c zum essen schinken erbsen ananas & kaese & ein glas
wein. ploetzlich faellt die trinkfeste gulla in sich zusa
mmen mit muehe kann sie sich zusammennehmen mi
r fehlt nichts auch den andern nicht. noch ein glas wei
n es wird 23^h dann weiß ich nichts mehr. in einem kle
inen zimmer wache ich in voller bekleidung auf mein
kopf rast. ich lege mich wieder hin nachdem die kleid
er weg sind & weiß daß ich noch in reidars haus bin. d
er ganze abend die nacht alles verloren ich schlafe bis
12 durch. am spaeten nachmittag bei gulla sie liegt no
ch auch sie klagt ueber ganz neuartige kopfschmerzen.
gut der wein war komisch dachte ich zurueck aber was
will man in norwegen verlangen wo sie aus kartoffeln

das sog. kanonenbier brauen & loewenzahnwein. gulla
behauptet steif daß reidar etwas in den wein gegeben
hat. ich bestreite. ich bin ganz ploetzlich eingeschlafen
& wie sie 0^{30} gehen bin ich nicht zu wecken gewesen.
nils ritland hat mich ins bett getragen … der trinkt w
ie frode nur bier. was hat das fuer sinn was kann reida
r wollen wenn er uns »hinueber«-hat? gulla behaupt
et reidars feste zu kennen & immer passiert was aehnl
iches. die maedchen will er betrunken die anderen au
ch: unschaedlich machen. langsam kommen auch mir
zweifel.
kriegsrat: morgen laden wir reidar auf ein bier ein. nils
moe hat einen indikator der unter medizinstudenten o
ft als scherz verwendet wird. ein pulver im bier (unsic
htbar & geschmacklos) & reidars harn ist uebermorgen
dunkelblau.
lieber aber wuerde ich reidar abknallen wie einen hun
d.

j) die sprache. ich verstehe leidlich gut norwegisch am
120870 ist mir der erste satz entfahren: nei jeg ikke! ic
h glaubte das waere die geburt einer neuen sprache in
mir dann steckte ich zurueck auf leichte wehen heute
weiß ich daß ich im ersten monat schwanger gehe. im
oktober wird das kind sowieso abgetrieben oder denk
st Du ich haette lust unbedingt mein gehirn zu belast
en nei jeg ikke! nein ich nicht … das genuegt fuer viel
e situationen das kann man als jungfrau sagen wenn
man standrechtlich erschossen werden soll wenn man
etwas nicht tun will kurzum erweist sich eine handfest
e negation als lebenstuechtiger als das ewige »ja, ja!« t
exte kann ich leicht lesen. die aussprache hat halbwe
gs logische regeln. damals bei ski 70 hast Du steif s-k-i
gesagt man sagt schi aber wehe wenn Du »scho« sagst
fuer schuhe die sko geschrieben werden. ski ist eine au
snahme.

zu hause 190870 8^{05}

die sprache ist wesentlich sparsamer als das deutsche.
von der deklination ist nicht viel uebriggeblieben. trot
zdem sprechen die leute sehr viel. viel zu viel. auch sin
gen sie: o nein sie reden nicht hart & schwer & steif. je
der satz hat sein temperament. das erleichtert & ersch
wert gleichzeitig das verstaendnis aus der melodie geh
t hervor ob das nun eine frage ein scherz eine feierlich
e behauptung oder ein ausruf ist die woerter aber wer
den zusammengezogen & lassen sich nie wieder trenn
en. zu lesen sind norwegische texte ziemlich leicht &
ihre gedichte von denen ich einige mutwilligerweise u
ebersetzt habe sind schoen in ihrer sparsamkeit denn
wo wir laengst artikel vorwoerter bindewoerter etc. ei
nsetzen muessen haben sie nichts.

zur situation: eigentlich sollte ich nicht mehr hier woh
nen der lehrer der dieses zimmer kriegen soll hat sich
noch nicht gemeldet. am anfang habe ich mit heinz ei
ne woche zusammen gehaust auf ca. 12 m^2. dann war
pirkko da & ich schlief oben im wohnzimmer. schreibe
n konnte ich nirgends. jetzt bin ich allein. heute schwa
enze ich die arbeit. auch regnet es. dieser tag kostet mi
ch 80 kronen. im grunde ist das voellig wurscht … vo
ellig. wer suendigen kann der suendige.
ich muß einfach einmal in ruhe schreiben koennen.

8^{20}

k) in fitjar
gestern habe ich zum erstenmal im leben krabben geg
essen. gulla schleift mich in der ganzen verwandtscha
ft herum. krabben sind vortrefflich: vier riesendruem
mer zu zwei kronen die tante lacht dazu & zeigt ihre pf
erdezaehne. sie ist eine haeßliche alte dame. herzlich
wie eine haeßl. alte dame. dazu tee. dann essen sie no

ch einen braunen kaese der sueß ist. kein brot ohne ei ne schichte butter. in manchen dingen zeigen sie viel k ultur. nicht das essen war der grund daß wir nach fitja r (= fitscha) fuhren die straße waere zu schlecht außer dem ist von dem schlachtfeld von 960 nichts mehr da. es war dusterste wikingerzeit als sie håkon den guten erschlugen der damit anfing norwegen zu christianisi eren & bei weitem nicht aus religioesen gruenden: håk on wollte eine wirtschaftl. verbindung mit den bereits christl. laendern eingehen .. bei der bekehrungszeit so ll es recht nette methoden gegeben haben. jetzt steht h åkon in stein dort wo er gefallen ist vor der zuendhol zschachtelkirche von fitjar.

in fitjar haust arne bergesen so an die 45 jahre alt. das bedeutet nicht viel. er hat 9 kinder & bezieht vom staat jaehrlich 15.000 k ronen kindergeld. seine frau ist schw achsinnig. warum aber wollen wir se it tagen zu arne. d as haus ist mehr al s verlottert es sche int als waere man gerade dabei es ab zureißen ein hund klaefft. wer weiß wo die kinder sin d. arne ist da … ei gentlich nicht zu h ause nein im neb enhaus das hat er aus dem material des wohnhauses g ebaut von beruf

> håkon adalsteinsfostre * ca. 920 sohn von harald hårfagre & der magd tora mosterstang. h. wur de bei koenig athelstan in engl and erzogen, kehrte ende 940 nach norwegen zurueck & wurde koenig, dauernd aber wurde er von eirikssonn ange griffen. dadurch entstand der eindruck daß er beliebter war und so bekam er den zunamen »der gute«. er fiel in der schlacht von fitjar auf stord 960 oder 961.
>
> ---
>
> in fitjar befand sich auch harald harfagre's koenigshof
> so quasi aus dem lexikon ueb ersetzt.

ist er tischler & klempner. gut sieht es aus bunt anges trichen neu sauber klein. arne ist ausnahmsweise wa ch & auch nicht in den bergen versteckt. sonst liegt er bis sechs oder sieben mit seiner frau im bett. seine frau erzaehlt im laden wie schoen das ist: sie ist immer sch wanger. kommt die polizei so haut er ab hinauf in die berge tagelang. das ist noch immer kein grund zu ihm zu fahren 30 km weit. arne stiehlt alles. 1960 bei der ja hrtausendfeier von fitjar war das kirchendach zu repar ieren: arne verbrauchte fuer zwei faustgroße loecher k upferblech im wert von 300.000 kronen. als die gemei nde hellhoerig wurde war es zu spaet er war in deutsc hland beweisen konnten sie ihm wenig. von den jaehr lichen 15.000 kronen kindergeld brauchte arne 12.000 fuer sich: die kinder hungerten & stahlen was ging. je tzt ueberweist der staat das geld an den dorfladen: ihm ist es nicht mehr zugaenglich. arne der schrecken aller buchhandlungen & bibliotheken hat sich eine biblio thek zusammengestohlen die groeßte in nordaland. d as nebenhaus ist sein heiligtum dort verbringt er die nacht. kein mensch kann sich darin umdrehen die bue cher muß er nach format nicht nach themen stapeln a us platzgruenden. er hat mehr deutsche buecher als ic h von den norwegischen reden wir lieber nicht. fließe nd spricht er altgriechisch & latein die hl. schrift (er ha t 210 verschiedene exemplare) plappert er auswendig her. er arbeitet an der uebersetzung. die klass. europae ische literatur ist fast vollkommen vertreten in origi nalsprache & uebersetzung. neben carmen sylva ein b uch ueber maschinenbau … fast alle wissensgebiete si nd da. wieviel er buecher hat weiß er nicht. neben rei ner literatur ueberwiegen theolog. texte & religioese ly rik der jahrhundertwende. der mann muß ein herrlich es konglomerat von religion haben: die negation der r eligion schlechthin bestehend aus reichem bibelstudiu m pietismus mystizismus .. was sonst an sachen heru

msteht ist so perfekter kitsch daß man sich erbricht: he rz-jesu-statuen aus gips (undenkbar fuer das protest. n orwegen) madonnenstatuen aus phosphoreszierende m plastik (hauptthema lourdes + fatima) ausgestopfte alligatoren die hl. theresia unverwelkbare tulpen ... ar ne wirkt schuechtern & voellig normal. sein deutsch is t so perfekt daß es nur noch die abstraktion an sprache & aussprache ist ... tot. arne ist geisteskrank jeder w eiß das er ist aber gleichzeitig von solcher einseitiger in telligenz daß ihm niemals die polizei oder der staat bei kommen kann. die polizei hat aufgegeben. seine intell igenz ist gefaehrlich. er ist ein monstrum ein thema fu er einen film. arne ein bißchen mit gags oder kriminell & der teufel ist los. sein egoismus ist perfekt wie sein d eutsch solange seine manie futter findet laeßt er die w elt nicht untergehen.
fuer ein musikpavillon hat es noch nicht gereicht. zwei pianos besitzt er geigen floeten ... er will aber alles. nu r mit viel glueck kann man an ihn heran nils & gulla k ennen ihn zu gut. er ist scheu hat schmale haende sein gesicht ist bleich die augen abwesend & interessiert gle ichzeitig immer barfuß grau die haare & an den schlae fen weit hinein ausgefallen. nach drei stunden geben wir ihm die hand.
wie milch habe ich das hohelied in latein getrunken & seither weiß ich daß es im suedosten frankreichs 1836 in einem einzigen departement keine prostituierte ga b. das departement ist weiß ... paris ist schwarz 10^{26}

l) das meer
ich liebe dieses meer in seinen farben die stets wechs eln & immer ist es klar. graues glas blaues glas gruenes glas .. glas. ich mag auch den leuchtend roten fisch mit den drei weißumrandeten schwarzen tupfen an der sc hwanzflossenwurzel. ich treffe mich mit ihm am kai w o die faehre aus bergen anlegt. die kleinen krabben im

blasentang die lichtgrauen seesterne. immer ist das me
er da wie ueberhaupt dieses land von wasser gezeichn
et ist. alle formen des wassers kommen vor schnee gle
tscher eis wasserfaelle sumpf … meer. stokksund & ha
rdangerfjord. aber was soll's es macht traurig & singen
dieses meer. so etwa in rommetveit wo wir an der str
aße gearbeitet haben bin ich davon hinunter zu einer
grauen mit schieferplatten gedeckten huette auf die st
eine die stiefel ins wasser von oben der regen hab ich
gesungen von einem der hinausfaehrt das herz einer j
ungen frau mitnimmt & nicht mehr kommt. sie singt n
un herzlos & monoton von ihrem schlagenden herz da
s in seinen weißen rippen gefangen ist unten liegt auf
dem grund. von oben koennte man es sehen das rote
ding aber sie weiß nicht wo er versank & sie es sich hol
en kann. 10^{46}

stord 200870
im zimmer 0^{15}
donnerstag

wenn ich den holevegen herunterkomme habe ich im
mer angst auf kopfgroße steine zu treten sie koennten
sich bewegen & igel sein.
jetzt koennte ich mich umbringen genau in diesem au
genblick … welcher gott hat sich gegen mich verschw
oren: sag mir welcher & ich verfluche ihm den penis d
aß er verdorrt sich in die erde schlaegt als foehrenwu
rzel. aschgrau & abgestorben. nun schlaeft sie oder wa
cht ja sie wacht mit gunnar. ich hatte vorgeschlagen ih
nen eine pizza zu kochen & ich wußte nils & gulla wol
lten. nicht umsonst es ist die vorletzte nacht warum ni
cht gulla betoeren beschwoeren bla bla bla … dann pl
oetzlich ist gunnar da wie hertelefoniert genau zur ess
enszeit. ich weiß nicht ob sie telefoniert hat gunnar ist
da. es war 20^{15}. gunnar der architekt frisch aus london

zurueck liebenswuerdig & sympathisch im augenblick
wuensch ich ihn zum teufel.
gunnar warum?
bist Du es mit dem gulla leben will Du kommst aus lon
don & heißt Du nicht gunnar oder hat sie damals als w
ir von fjellstova kamen im auto einen anderen namen
gesagt? wohnst Du dort drueben gegen rommetveit z
u? ich vergaß Dich zu fragen & hat sie nicht schon lang
e erzaehlt daß Du architekt seist. ich weiß nichts mehr
& Du kannst nicht wissen was gulla zu mir gesagt. gu
nnar sei bitte nicht der fuer den ich Dich halte bitte nic
ht morgen (bzw. heute) ist ihr letzter tag auf stord.
1^{15} ich werde auch heute nicht arbeiten. heute soll ic
h das mittagessen oben im holevegen kochen: pasta al
tonno, spinatomeletten mit rohem schinken & tomat
ensalat, himbeeren in obers. vielleicht sehe ich sie nie
mehr.
gott – ich bin etwas betrunken – aber die traenen kom
men mir. das ist das erstemal, daß ich hier weine.
2^{13} ich finde keine ruhe im bett. dieses blatt will ich z
erreißen ich laß es leben ich versuche krampfhaft alle
leben zu lassen: gulla warum?
ich will auf & davon am freitag frueh nach oslo vielleic
ht. heute gehe ich nicht arbeiten 160 kr. habe ich verl
oren umsonst. umsonst? nein!! nein & nochmals nein
ich weiß zu leben & gehe zu bett … schlafe vielleicht
leicht onanierend ein als waere ich gymnasiast.

$4^{15/17}$

herbst

ein oval aus feingefuehl
nach des spaetsommers peinlich frohem
maskenball
& den hektischen whisky-soda-parties der rosen
wo freude war mit hoher spannung

wie in einer manege

einar vede   *1948   geschrieben bzw. veroeffent
licht 1966

stord 200870
im zimmer 10^{37}

n) die arbeit
lange hat es gedauert bis ich mit diesem leidigen them
a anfange. die arbeit ist gut & schlecht zugleich. der ver
dienst ist hoch fuer hiesige verhaeltnisse aber niedrig.
9,34 kronen in der stunde was pauschal gerechnet 934
£ sind. zeit 7^{h}–16^{h}. mittagspause 11^{30}–12^{h} kaffeepausen
9^{h}–9^{15} & 14^{h}–14^{15}. praktisch aber beginnen wir zwisch
en halb & dreiviertel acht enden spaetestens halb vier
& strecken die pausen auf das doppelte. die arbeit ist le
icht. am straßenrand die regenrinne regulieren die abf
luesse ausraeumen in den anlagen unkraut auszupfen
mit einem halbleeren schubkarren spazieren fahren. d
em dr. knud moe haben wir zu seinem garten einen ab
fluß gebaut ueber den die gaense lachen. dann waren
wir wieder in rommetveit & haben ein gitter das quer
ueber die straße geht angeschweißt damit es nicht kla
ppert wenn die autos drueberfahren. vom schaf habe i
ch Dir erzaehlt. das unkraut ist sympathisch hier es lae
ßt sich leicht beheben: eine pflanze die schwache wurz
eln hat unscheinbare gelbe blueten & die unangeneh
m riecht wenn man sie drueckt. loewenzahn gibt es w
enig. brennesseln & disteln kaum. fuer die straßenarb
eiten haben wir ein aeußerst praktisches werkzeug das
es bei uns nicht gibt: die halbmondfoermige synthese a
us schaufel & hacke. samstag sonntag ist frei.

210870
ueberstunden lassen sich nicht machen. oft komme ic
h um vor langeweile. eine richtige unterhaltung mit
meinen kollegen zu fuehren reicht meine sprache noch

nicht hin. suedtirol habe ich ihnen in den sand gezeic
hnet. die kollegen sind nett: sehr nett sogar falls man d
ieses verdammte »nett« noch gebrauchen koennte. ar
beiten will keiner warum sollte ich mich zerreißen? so
schleppen sich die tage hin von 7^h–16^h ein einziger sch
lauch mit ein paar trueben gedanken darin wie schlei
mige schleier im wasser. daß ich hinunterrenne ans m
eer wie damals in rommetveit & singe kommt nicht m
ehr vor. es ist feierabend vor dem freien wochenende:
eigentlich die zeit fuer reflexionen fuer das-haende-i
n-den-schoß-legen & muede-sein. dazu habe ich zuwe
nig getan. ich bin immer muede muede vom nichtstun
vom muedesein. es ist anstrengend eine woche durchz
uschleichen & wie es diese woche war habe ich einfach
zwei tage nichts getan d.h. mehr als nichts naemlich et
was. fuenf wochen noch dann hat die qual ihr ende.
fuenf wochen & zwei tage: 27 tage 243 stunden … ue
berleben ist die kunst.

zur situation: in fuenfzehn minuten kriege ich besche
id ob ich in diesem zimmer bleiben kan
n. der bescheid wird negativ ausfallen f
uer mich. heute soll der mensch dagewesen sein dem d
ieses zimmer versprochen ist. im grunde ist mir das vo
ellig gleichgueltig. es hat sowieso alles keinen sinn. ich
lebe auf abruf. was morgen kommt interessiert nicht:
eigentlich strebe ich nur dem tag zu an dem ich wieder
hinter meinem tisch sitze wien oder suedtirol mir ist d
as gleich. nur zurueck. heinz hat noch nicht aus finnl
and geschrieben ich werde wohl kaum hinueberfahre
n. gulla ist heute morgen nach oslo. gunnar war »ihr
mann« das ist sicher. gestern abend bei ihrem onkel th
orbjørn preisschießen: bei 50 moeglichen punkten wa
ren 32 mein bestes. die anderen lagen bei 40 im schn
itt. ich habe mir nichts vergeben. ich bin so richtig aus
gebrannt gewesen: gespraeche ohne sinn fuer mich &

schießen was ich weder kann noch mag. um 22^{30} bin i
ch davon gulla die hand geben & nils ja wir werden un
s schreiben am 300970 oder 011070 werden wir uns i
n oslo treffen gut vielleicht bestimmt gewiß. sie schaut
mich befremdet an meine augen sind abwesend meine
stimme seicht nein da ist kein glucksen oder zittern in
den woertern. ich bin einfach zu leer benommen nicht
da. auch gulla ist nicht mehr da. ein abgerissenes kalen
derblatt ein portraet mehr in der heimgalerie. kreuz da
rueber & ein glas feigenwein. vielleicht bietet sich die
gelegenheit mich irgendwo zu besaufen mir ist danach
zumute. ich koennte zu knud gehen dem storder bierv
ersilberer ich weiß nicht. jedenfalls muß ich am kai na
chsehen ob mein roter fisch kommt die sonne scheint
so scharf & er wird leuchten. labrus ossifagus heißt er
zu norwegisch randnebbe (= rotschnabel) & traegt di
eses ♀ geschlechtszeichen. das andere geschlecht ♂ h
eißt blåstål. weiß ich nun ob der rote fisch maennchen
oder weibchen ist. im woerterbuch finde ich ihn unter
gemeiner lippfisch … ich mag ihn gern wir werden seh
en ob ich ihn zu gesicht bekomme.

stord 210870

von der poesie eine zigarette zu drehen

kapitel o

o) *es grenzt ans liturgische sich eine zigarette zu drehen! (kaser)*

im zimmer
dieses zitat moechte ich auf alle faelle
zum verstaendnis des kommenden vor
ausschicken. man moechte meinen das
waere ein poetisches volk hier aber nei
n auch wenn sich alle die zigaretten mit
viel geschicklichkeit selber drehen. viell
eicht stehen sie dem vorgang mit zuviel selbstverstaen
dlichkeit gegenueber oder sie erkennen in der perfekt
ion ihrer sich drehenden finger kein nennenswertes er
eignis. mir hingegen gelingt noch lange nicht jede: ent
weder besteht die gefahr daß sie in der mitte einen bau

ch kriegen oder es kann mir das papier brechen einfach gesagt wird jede zigarette anders mehr oder weniger rauchbar. mit leicht schwitzenden fingern ist das drehen einfacher mit schmutzigen versandeten trockenen fingerkuppen komme ich ins schwitzen. auch waere es gut wenn ich mich niedersetzte im gehen oder stehen mißlingen die meisten. die finger mit der zunge anzufeuchten wenn sie trocken sind ist nicht ratsam: das papier bricht dann. trockener kruemeliger tabak hat seine tuecken. tabak aus frischen packungen ist eine wonne. auch drehe ich mir oft einen vorrat wenn meine finger & meine seele danach sind ... das wuerde keiner tun. einmal geht jede zigarette waehrend des rauchens aus außer ich ziehe durchgehend an ihr. das macht es spannend wenn ich bei den letzten zuendern bin. die asche ist unberechenbar sie faellt herab wenn Du es nicht vermutest. ich ziehe starke tabake vor eventuell die blaue rose (feinschnitt!) oder tiedemanns rød mixture oder blå mixture (etwas groeber, eignet sich schon fuer pfeifen). beim zigarettenpapier schwoere ich auf die franzoesischen RIZLA. fuenfzigerpackungen sind feiner als die zu hundert außerdem verliert man sie leicht. englische papierchen sind zu duenn. der vorgang erscheint einfach bedarf aber einiger uebung. das papier haelt man mit der gummierten seite von sich weg mit dem linken daumen auf der oberseite auf der unteren mit zeige- und mittelfinger. mit der rechten legt man den tabak hin. dann wechselt man den daumen zum mittelfinger auf die unterseite auf der oberen liegen beide zeigefinger: damit wird der tabak regelmaeßig durch schieben verteilt. die zeigefinger werden weggenommen & mit daumen & mittelfinger wird der tabak eingeschlagen. leicht drehst Du dann hin & her bis der tabak zu einem regelmaeßigen zylinder gepreßt ist ganz ploetzlich drehst Du schnell die nichtgummierte seite ein & vollendest die rolle. das ganze artefakt wird an die zunge gef

uehrt zugeklebt & geraucht. der vorgang dauert maxim
al 30 sekunden wie Du weißt das rauchen etwas laeng
er. ich werde Dir einen tabak & papier mitbringen. aus
fuenfzig gramm drehe ich 60 stueck. ich bin sehr spars
am. ich rauche duenne lieber. im gehen raucht man ni
cht hast Du mir gesagt ich aber sage Dir mein sohn im
gehen dreht man nicht. mit der verloschenen zigarette
im mund arbeitet sichs vortrefflich. die tage sind lang
spannend ist die zeit des drehens. normales rauchen ist
unerschwinglich außerdem gibt es nur amerikan. krae
uter. amerika ist ein scheißland. norwegen ist bis auf di
e poet. selbstgedrehten amerikanisiert.

zur situation: ausweglos. am sonntag 230870 muß ich
das zimmer raeumen. mir ist das voellig
wurscht. ich geh jetzt zu meinem fisch
16^{51}.

19^{26}

ich habe mir obwohl ich kein geld habe fuer 3,60 kr.
eine kerze angeschafft & fuer suedtirols politische haef
tlinge entzuendet.
unsere heimat werde ich nie & nimmer vergessen nie
& nimmer das leid das uns in 52 jahren zugefuegt wor
den ist solange noch deutsches blut in meinen adern
pocht. 600 jahre waren wir zusammen eine einheit ei
n einziges tyrol augapfel aller romreisenden kaiser hei
mat des hohen saengers walther unser land das behue
tet war von einem scharfaeugigen blutroten adler: leic
ht schwebte er aus dem sellastock heraus oder er kam
von der santnerspitze kreiste ueber dem eisacktal hina
us gegen bozen wo er die sonne verdunkelt & es zu re
gnen anfaengt. niemand anderer als er hat kaiser max
aus der martinswand gerettet … kein tollkuehner jaeg
er war es der unseren landesfuersten befreite. mit wue
tenden schnabelhieben fiel er bayern & franzosen in

die augen & keiner haette vermutet daß unser adle
r sanft in pfauenkiel auf hofers guertel gestickt sich
erheben wuerde am bergisel oder in einen heuwag
en verwandeln den katharina lanz bei spinges schu
etzend vor ihr volk schob. so ist nun einmal unsere
heimat mitten durch sie geht ein riß: italien hat bet
rogen wer immer zu betruegen war. unser adler oh
ne arg & ohne weibchen in keuschheit lebend fueh
lte nicht die natter die in der tiefe der etsch hinaufs
chwamm zur alten landeshauptstadt meran & nur in d
er nacht sich aus dem wasser erhob an den ruinen & b
urgen unsres landes zu [le]cken (die feder kleckst & ri
nnt zugleich). dem kaiser waren die haende gebunden
die maenner des volkes im kampf in russischen weiten
oder gefallen verfault & gebleicht wo kein adler mehr
fliegt.

19[49]

p) die reise
die reise von wien nach stord (070770–120770) kom
mt mir so vor als haette ich sie gestern gemacht. das u
ngewisse faszinierte mich. mein gott wo willst Du mit
50 mark schon hin? frueher ja als ich noch klein war h
atte ich den mut zu solchen dingen einfach losfahren
nicht zu weit damit Dir noch rechtzeitig die umkehr bl
eibt. diesmal aber geradeaus.
1. tag 070770: wien–regensburg
der weg schleppt sich dahin bis linz ich kenne jeden st
ein jeden ort es ist heiß geworden sehr heiß in linz stu
ndenlang stehe ich da an der straße die gegen wilherin
g fuehrt & dann zur deutschen grenze. gegenueber ein
niederes wirtshaus ich trinke viel bier. es ist eine mue
de bude ein alter mann vielleicht ist es der wirt bedient
die glaeser sind unsauber das bier ist warm der mann
zittert seine kleider sind mit graeßlichen flecken von ir
gendwelchen fluessigkeiten bedeckt ueber & ueber. vi

elleicht schlaeft er auch darin. er zittert so stark daß ic h angst habe er laeßt meine flasche fallen. er braucht e ine ewigkeit von der theke zu mir. die letzten schritte nimmt ihm eine frau ab mit schiefem mund. den alten setzt sie an den nebentisch den wein muß er mit stro hhalm trinken das mittagessen gibt sie ihm in kleinen stuecken ein. ich lese alle lokalblaetter von anfang bis ende. draußen an der straße stehen 6/7 schueler in der sonne & wollen weiter. solange kann ich hier bier trin ken. in die box schmeiß ich schillinge ein. musik ist da. langsam kommen gaeste eine etwas fette hure mit ihm breitet laut ihre familienprobleme aus. die schiefmun dfrau muß ihre freundin sein. ein nasser mann mit sch iefen schlechten zaehnen die seinem mund etwas kri minelles geben kommt in badehosen aus der donau in s lokal. ich spinne schon. das bier wirkt. essen koennt e ich nichts. alle drei minuten renne ich auf den lokus. dann endlich gegen halb vier ist draußen die straße le er. ein kleiner lieferwagen drinnen sitzt ein koloss in schwarzen lederhosen osttiroler abstammung ja bis ef erding. meine blase faengt zu druecken an ... zusehen ds verstaerkt sich der schmerz vor eferding klemme ic h meine klamotten so stark zwischen die schenkel daß sich die schmerzen ueberlagern ... dazu große worte u eber die heimat. er schenkt mir eine halbe packung fa lk. in eferding dann heraus & wie ein irrer durchs dorf laufen eine scheunenwand die befreiung. die staubige n brennesselblaetter fangen zu glaenzen an. vor der ki rche halte ich dann wieder autos an. drinnen spielt ein er orgel. ein kurzes stueck bis pupping. an der kreuzu ng dort ist schatten. ein daenischer VW-kombi haelt ja bis passau die beiden sprechen nicht mir mir: ist angen ehm. die straße der donau entlang sauber & schoen da nn kommen schlechte wegstuecke & wieder gute. an d er grenze: ob ich in deutschland arbeiten will nein ich lache dem beamten groß ins gesicht niemals wo denke

n Sie hin. bayern. in passau geh ich in den dom kuehl ist es da & barock … ich bin muede hungrig. zwei brote in der metzgerei. dann ein bier & reval. an der ausfahrt zeigen sie mir den vogel auch recht. weiter bis vilshofen da steht es sich schlecht: schnurgerade gute straße. alle fahren zu schnell. ein mercedes nach 10 minuten nur bis plattling. gut ich fahre mit. eine frau sitzt drinnen die hat der fahrer anscheinend auch mitgenommen & die ist dumm stockdumm. suedtirollangspielplatte. von plattling nach straubing mit einer lehrerin sie erklaert umstaendlich die landschaft & daß ihr nicht gut ist. die sonne geht unter in der kornkammer bayerns. die einwohnerzahl das gruendungsjahr die bauten von straubing habe ich laengst vergessen. dann nach regensburg: ein schauspieler in meinem alter nach 10 kilometern ist das problem geloest wir gehen x-biere trinken. morgen muß er aus dem bett er macht brieftraeger in straubing. klassische rollen wird er spielen. er hat einen frischen vertrag fuer august fuer luebeck. ein shakespearestueck. der abend ist mild der dom gotisch regensburg … ich schlafe in der jugendherberge. notlager & mieser kaffee gut nacht!
(wien – amstetten – linz – eferding – pupping – passau – vilshofen – plattling – straubing – regensburg)

2. tag 080770
so gegen 10^h^ stehe ich an der ausfahrtsstraße. wieder sehr heiß. im gasthof regina habe ich vorerst drei bier getrunken. in der mitte steht ein tischfußball. außer mir ist kein mensch da aber der kleine mit seinen drei jahren will spielen. er darf: oma schiebt die muenzen in den schlitz. an der ausfahrt steht konkurrenz. zwei stunden wartezeit das kreuz tut mir weh. ein laster nimmt mich nach nuernberg mit. er mag die langhaarigen nicht mich hat er nur mitgenommen weil ich so sauber aussehe was wollen die jungen leute eigentlich? ich verdi

ene gut ich bin ein ordentlicher mensch es geht den leu ten zu gut das haettest Du erleben muessen den krieg d amals .. hitler hat auch nicht alles falsch gemacht. was kann man sagen in solchen situationen? aussteige n wo er Dich doch bis nuernberg mitnimmt ihm wid ersprechen? aendert das etwas an diesem weißhaarige n? ich lasse ihn bei seiner meinung ja ja er wird schon recht haben aber hinzufuegen daß die langhaarigen sic h kaemmen koennten das weigere ich mich. das »Du« solcher leute ist vertraulich vaeterlich & belehrend. sei n auto bezeichnet er als dachgarten im vergleich zu de n tief unter uns davonrasenden waegen. in nuernberg nimmt mich ein student mit bis zur ausfahrt nach erl angen da steht sichs besser. das ist wahr obwohl ich an der nuernberger ausfahrt nur zwei minuten gestanden bin. hier steh ich eine halbe stunde. ein konkurrent ko mmt an. der wird noch schauderhaft & will nach fran kfurt. irgendein fetter vertreter nimmt mich mit & leid er auch ihn. zu zweit auf dem vordersitz hinten ist all es vollgepackt. die konkurrenz riecht aus dem mund h at einen kleinen sprachfehler plappert staendig & fli eßend: immer wieder ein troepfchen in mein gesicht. ganz angenehm bei der hitze. der fahrer sagt nichts. d er stinker sagt wie ich fahren muß wo ich aussteigen s oll wie die autos halten & daß sie vier raeder haben. ic h werde wild. er faehrt woechentlich von frankfurt na ch muenchen in muenchen erwartet er ein kind. er wi rd heiraten wenn er dort arbeit hat. sein ganzes privatl eben muß herhalten glaubt er um uns zu erfreuen. eig entlich sagt er nichts anderes als daß er schwanger ist daß er zum spritzen nach muenchen faehrt & daß ich in wuerzburg aussteigen muß das geht so eine gute stu nde lang. kurz vor dem autobahndreieck steige ich au s. zwei kilometer wandre ich auf biebelried zu .. ich wi ll etwas essen. dort trinke ich zwei oder fuenf bier ein riesenwurstbrot dazu dabei sitzt ein total schwarzer automechaniker & ein wirt & die reden mit mir ueber die ruebenernte wieviel die kuehe milch geben daß e in neues fuenfmarkstueck herausgekommen ist. das er frischt mich die sonne scheint wieder ordentlich alles ist normal der stinker ist weit weg. an der autobahn ni mmt mich ein bauer mit sein mercedes riecht nach sil ofutter & er sagt nichts. das autobahndreieck waere ue berwunden an der richtigen wuerzburger ausfahrt lae dt er mich ab. dann bis schweinfurt … das war das end e. an der schweinfurter ausfahrt stehe ich 3 1/2 stund en. das verkehrsschild ist mit fluechen bedeckt … zu r echt. kitty ist hier gestorben schreibt sie wenn doch ein vergewaltiger kaeme hat sie weitergekritzelt auf di e weiße phosphoreszierende platte. der laster faehrt n ur bis hammelburg. besser als nichts. hammelburg: jugendherberge; nee da muessen sie nach schweinfurt r ueber. nein danke von dort komme ich. zurueck zur autobahn es wird nacht vielleicht nimmt mich noch w er mit.

aufzeichnung vom 080770 22^{15} machtilshausen (bei hammelburg)

es ist ungemein trostlos & entmutigend nicht vorwae rts zu kommen ich habe die geduld verloren & einer al leinstehenden nonne im volkswagen in richtung fulda die faust gezeigt. sie hat nicht reagiert. ich weiß nicht was sie alle fuerchten .. gut bei ihr kann es die ordensr egel sein nicht mit einem mann sessel & schuessel zu t eilen. bin ich denn so maennlich? grauenhaft war dies e schweinfurter ausfahrt 3 1/2 stunden dann nach ha mmelburg mit einem tankwagen. regensburg ist auch nicht besser nuernberg–erlangen gut ueberwunden. vi ele scheißamis um die wege. hier im gasthaus traube k ein quartier zu kriegen vielleicht nimmt mich die wirt in ins bett bomm! milieustudien ließen sich betreiben. trinke das dritte bier. stinke & gewitter kommt auf me in gesicht ist zerstochen. stinke daß ich es selber rieche

nach schweiß. illusion: wollte zu dieser zeit in hamb
urg sein & werde noch zwei tage brauchen .. vielleicht
sind's nur 700 km von wien?

soweit die aufzeichnung es kam noch dicker: am stam
mtisch sagt einer einen bloedsinn & ich lache laut. schl
ießlich habe ich zuviel getrunken & zu wenig gegesse
n. sie rufen mich hinueber auf ein bier & dann geht de
r teufel los: 1 bier 1 korn 1 bier 1 korn. schließl. kom
mt noch der schuldirektor. der der die dummheit gesa
gt hat ist hier buergermeister. er hat behauptet die wae
hler sind dumm wenn sie einen gauner zum buergerm
eister machen. das streite ich ab: woher soll der waehl
er wissen daß der andere ein gauner ist es erst nach de
r wahl wird & hat nicht der beste in seiner amtszeit ge
nug gelegenheit sich zum gauner zu entwickeln. bald
diskutieren wir ueber himmel & hoelle. der buergerm
eister ist erzfaschist der direktor faschist. der buergerme
ister wuenscht sich als regierungsform eine demokrat
ur. & damit basta! es wird 1 uhr nachts. ich bin zieml.
besoffen. die zwei buergermeister & die beiden direkto
ren (beide sind fuer die pruegelstrafe) werden von zw
ei wirtinnen hinausgeschickt. die wirtinnen weisen m
ir das kanapee im buegelzimmer als schlafstatt zu. wie
sich am morgen herausstellt kostenlos.

leirvik 220870 10^{51}
im zimmer

zur situation: ich habe schlecht geschlafen die traeu
me waren beunruhigend. heute ist ein
strahlend schoener tag wie sich das zu
nennen pflegt. weiß ichs warum mir nie
mand schreiben will. renne ich denn um
sonst fuenfmal an die post. das fach ist sc
hon seit einer woche leer. das bekuemm
ert mich.

im grandhotel-restaurant
230870 14^{6}

total verlassen ist der ort. die sonne scheint hart durch
die klare luft. gestern habe ich ziemlich getrunken.
ich habe hunger. ich esse: schinkenbrot & kaesebrot. di
e sachen sind gepackt. heute ziehe ich aus. auch das m
it dem zimmer ist geregelt ich uebersiedle in die jugen
dherberge. die anschrift bleibt gleich: c/o frode ritland.
ich verlasse das haus nicht ungern obwohl ich von nu
n an 7 kronen pro nacht zahlen soll. ich gehe nun an
den strand nach sponavik. fotografieren. schwimmen
ist unmoeglich. wenn gulla da waere koennten wir in
die berge. nichts aendert sich. gestern habe ich an jan
erik vold einen brief geschrieben: ich hoffe ihn in oslo
zu treffen. wenn die begegnung zustande kommt habe
ich mindestens einen erfolg zu buchen: vold ist norwe
gens lustigster aktuellster … etc. lyriker. wenn ich ein
ige von seinen gedichten uebersetzt habe schicke ich si
e Dir bestimmt. er ist noch ziemlich jung & sehr aktiv.
noel cobb seinen besten freund hat man ausgewiesen
er lebt nun in london. er ist amerikan. staatsbuerger &
lebte seit 58 in oslo. haschisch hat ihn mit polizei & st
aat in konflikt gebracht. cobbs texte sind gut hart & sc
hoen zu schoen um so politisch brisant zu sein wie sie
sind. vold hingegen ein juenger wittgensteins experim
entiert nach art der wiener schule mit dem wort. beid
e sind idole der norweg. jugend. doch das groeßte verd
ienst volds ist sein »vinduet« (= fenster) eine literar. ze
itschrift von format tolerant & polemisch aktuell & krit
isch. haetten wir doch im deutschen raum etwas gle
ichwertiges denn »vinduet« wird gelesen.

im zimmer 17^{25}

ich bin von sponavik zurueck. das wasser liegt um die
15°. natuerlich hatte ich glueck: reidar johannessen di
eser vollidiot war da & konnte nicht anders als sein ge

waesch mir als unterhaltung anzudrehen. dabei kann der gute kaum deutsch bildet sich ein es zu koennen fo rmuliert jeden satz nach der grammatik. er ist ueberha upt eine klaegl. figur wie etwa max herrmann-neisse v on georg grosz. nein noch wesentlich schlimmer. eigen tlich wollte ich ihn fotografieren in seiner ganzen nac kten klaeglichkeit. »das wasser ist kalt ist es in wien ni cht so kalt aber smutzig sehr smutzig das wasser ist kl ar« nach zwei minuten dasselbe so als wollte er sich vo n der grammatikal. richtigkeit ueberzeugen. nebensae tze wagt er nicht. er spricht wie er schwimmt in klein en stoeßen wie froesche springen ihm die woerter aus dem mund. reidar ist sehr tapfer »das wasser ist nicht so kalt« dabei trocknet er sich mit dem hemdzipfel den penis ab. lange & umstaendlich die kinder schauen hin & kichern. endlich geht er & winkt mit der badehose. auf maedchen ist er gierig. immer wieder hat er komm entare abgegeben ueber brust & bauch & beine. komm entare in kleinen stoeßen vielleicht ist er auch beim be ischlaf so. am hinterkopf – er ist vollkommen kahl – ha t er eine warze.

q) sponavik: als ich das erstemal dort war wußte ich ni cht daß ich dort war. es regnete in stroemen alles war grau. wir arbeiteten oben an der straße 1 1/2 km von leirvik ... im grunde arbeiteten wir nicht. ich ging hin unter ans meer ueber die wiese rannen baeche auf de m blauen schild steht »teltplass«. dann kamen ein paa r schoene tage & ich ging mit pirkko & heinz hin. in de r sonne liegen auf den felsen an der winzigen bucht da nn der erste versuch ins wasser zu steigen: es bleibt bei nassen zehen. drueben sieht man die berge aufsteigen das festland mit weißen kaestchen die haeuser von ut bjoa & ølen. der zweite versuch gelingt ich bin etwas h inausgeschwommen & das wasser ist mir als messer an die gurgel gefahren. pirkko war wie ein baer: hinein h

eraus spritzen die arme schwenken wenn sie wasser ri
echt ist sie wild wird sie scharf.
heute ist das anders. die beiden sind irgendwo druebe
n in finnland & ich mußte mir den reidar um die ohre
n schlagen. der versaut alles: dieser pimpf von 55 jah
ren kann einem die sonne verdunkeln & das meer ver
waessern. du kannst nicht davonlaufen oder ihn ansch
reien: hau ab hier ist es schoen halt das maul hier ist
es still. ich wagte nicht ein buch herauszunehmen & i
hn zu ignorieren. er ist unignorierbar & haette sich
sicher ueber die literatur ausgelassen mit saetzen w
ie: »das buch ist duenn buecher sind billig deutschla
nd hat viele buecher hat oesterreich auch viele buech
er?«
so schoen kann sponavik sein.
felsen foehren die bucht viel tang & ein fotogenes mee
r. fahren die faehren vorbei so schlagen erst viel spaet
er die wellen herein schwach milde. die kleinen kinde
r zertreten die brandung. dann beißt dich eine ameise.
trocknen Deine haare so ist die frisur windischer auch
kannst Du das salz von Deiner haut lecken. die sonne
scheint. boote kommen mit singenden jugendlichen d
ie wollen reidar vergasen.

r) das haus in fransen
dieses haus in dem ich bis heute gewohnt habe zerfae
llt. es soll verkauft werden. sie achten nicht mehr dara
uf die ritland soehne. es ist der letzte rest von all dem
besitz des alten ritland. der ist in den fruehen fuenfzig
ern gestorben: drogenmißbrauch sagen sie hinter vorg
ehaltener hand. er war wie Du vielleicht weißt gemei
ndearzt. rund um das haus hat er den ganzen grund au
fgekauft alles ist zusammengeschmolzen bis auf einen
total verwilderten garten mit igeln ratten & vier uralte
n rosenstoecken.
oben im wohnzimmer habe ich in der zeit als pirkko

da war auf dem sofa geschlafen. es ist dunkel die moebel sind schwere stuecke aus den vierziger jahren auf den silberloeffeln die auf den kommoden ausgelegt sind liegt staub. zwei drei pokale von frodes sportlichen erfolgen. eine dustere buecherwand. die bilder der familie bis in die dritte generation zurueck. zwei sessel sind aus dem leim. sie werden nie mehr in ordnung gebracht. jedes stueck ist unverrueckbar: beim fernsehen verrenkst Du Dir den hals. im raum liegt der herrliche duft von fisch altem seegras & schlechten nahrungsmitteln. die tapeten sollen wie gelbe bimsen aussehen. sie sind dunkel & stinken. fenster soll man nicht oeffnen das will die frau nicht. der ofen heizt immer. in der kueche steht seit wochen schief & wegversperrend der kuehlschrank. er laeuft nicht mehr. drinnen die speisen alte & frische es stinkt man gewoehnt sich dran. auch die laeden hier in leirvik stinken denselben gestank undefinierbar verdorbener fisch vielleicht + kernseife oder rosinen oder angefaulte tomaten weiß ich es? ein abfluß ist leck. geschirr steht herum ein halber lachs zwischen brotrinden. stilleben? nein der italiener sagt es besser: natura morta. frode bewohnt sein zimmer seit er laufen kann auch nils sein bruder. die betten sind ihnen zu kurz. nils hat eine balkontuer: zugerostet. ihre spielsachen sind alle da als haetten sie eben aufgehoert bei nils sind ein paar buecher dazugekommen bei frode liegen socken & zehnørestuecke dazwischen alles auf dem boden. betten wie suendenpfuhle von ungewaschenen stieren oder lustboecken. traumschlachtfelder. die fenster durchsichtig wie meine einmal waren & wie zugenagelt. das klo spritzt wie ein roemischer brunnen. das ist der obere stock. berit ruehrt sich nicht: sie ist krank sie haust dahin in den leichenhallen sie fault sich selber sie riecht vielleicht schon … wonach? ich wuerde sie gerne an der hand nehmen & an die luft bringen aber sie ist menschenscheu. ich ginge gerne mit ihr

nach sponavik ganz langsam damit sie mir nicht zusa
mmenbricht dann ins wasser schmeißen drei stueck se
ife verbrauchen an ihr die kleider verbrennen & in fris
cher waesche in lichte helle weiße zimmer fuehren. unt
en ist es nicht besser aber heller. dieses zimmer ist klein
& gleicht einer zelle mit dem ueblichen tisch stuhl bett
kasten buecherregal waschbecken spiegel fenster. gege
nueber die waschkueche vollkommen verrottet ein he
rd. die maschine laeuft nicht der wasserhahn spritzt in
die perversesten gegenden der ventilator ist tot. vor m
einem fenster auf dem pflaster liegen leere flaschen ei
n paar gewichte zum trainieren (fuer frode) boxhands
chuhe gartenscheren ... seit ich da bin. ich spuere wie
alles broeckelt alles seinen geruch auszustroemen begi
nnt seinen arteigenen duft. auf den boxhandschuhen
hat sich schimmel festgesetzt. friede allen seelen.
keine tuer kannst Du zuknallen das haus zerfaellt. da
kannst Du schwuele traeume haben krank sein irr we
rden nur lebendigsein gilt nicht. mich wuerde es nicht
wundern wenn ploetzlich wuermer das ganze ueberfi
elen wie jenes schaf in den bergen.

22^{11}
im zimmer
jugendherberge

der tisch ist viel zu niedrig außerdem haengt die lam
pe falsch scharf liegt mein profil mit bart auf dem pap
ier. mein bart gedeiht ein schuetteres araberbaertchen.
an den wangen nichts dort wo mein gesicht mit einer
scharfen kante zum hals abbiegt dunkle haare bis auf e
inen zentimeter zum adamsapfel am kinn am meisten
nicht blond nicht rot nicht braun einfach hell. damit sc
hließe ich meine betrachtungen ab. eine kueche ist vo
rhanden das bett ist gut der raum fuer drei: d.h. wenn
noch wer kommt muß ich mit ihm teilen. das wird g

ut: zwischendurch ein trampergesicht lange bleibt auf
stord keiner ich schwoer es ihm. draußen gleich die st
raße: ziemlich laerm. das tut gut allein bin ich sowieso
wozu stille. die frau macht einen ordentl. eindruck. sie
geht gegen die fuenfzig. ihre tochter ist schwanger. ein
kleines maedchen ist die treppe heruntergekommen ne
ugier oder angst beim schlafen ihre augen sind groß fe
ucht blau die finger im mund gelbes nachthemd blond
es haar ein schoenes kind & barfuß.

17^{52} 240870
in der kueche
jugendherberge

ich habe so dreckige fueße daß in m
ir nur das beduerfnis nach wasser li
egt. dann komme ich zurueck. mor
gen ist zirkus ein ereignis fuer stord:
der staerkste mann von england .
..ich geh mir das anschaun.

prosit mahlzeit:

6^{49} 260870
in der kueche
jugendherberge

es ist langsam zeit arbeiten zu gehe
n jaeten im ortszentrum genau vor
dem rathaus. ich werde allein arbei
ten. es ist irgendwie unangenehm:
alle schauen zu aus den bueros von der straße vom pla
tz. das treibt nicht an, mich nicht: schließlich bin ich z
um geldverdienen da und nicht zum arbeiten. gestern
war ich im zirkus vielleicht schreibe ich Dir heute aben
d darueber wenn ich nicht kino gehe (franz. film mit b
uchholz) oder ausnahmsweise fischen. ich weiß nicht
so recht. schlaf fehlt mir . . . wer weiß ob ich mich nich
t gleich hinhaue. das bett hier ist unwahrscheinlich ha
rt ein brett mit einer duennen schaumstoffeinlage. he
ute nacht ein junger kerl aus bergen im zimmer. schna
rchte. gestern haettest Du den morgen sehen sollen. d
er himmel war vollkommen mit grauen wolken bedec
kt nahtlos graue kuppel aber dort wo himmel & erde si
ch treffen war ein mannshoher zwischenraum aus wei
ßem fluessigen metall. es war nicht silber silber ist viel
zu langweilig. es war lebendig & grellweiß & von sich

aus leuchtend ueberhaupt dort wo die sonne aus dem
meer kommen sollte. langsam senkte sich die kuppel
& wurde zu nebel der grelle streifen wurde enger der
nebel wußte um viertel nach acht noch nicht ob er fall
en oder steigen sollte. er fiel. zu mittag kam suedwind
auf vertrieb alle feuchtigkeit trocknete nebel & wolken
auf bis die sonne schien unbehelligt im leeren himmel.
adieu bis zum abend.

21^{55} in der kueche

ich werde wohl nicht mehr vor dem wochenende daz
ukommen das kapitel p zu beenden oder das s anzufa
ngen. ich bin muede.
außerdem habe ich eine unmenge von briefen zu be
antworten. das mit dem ersttagsstempel war ein bluff
von der post ich habe den text falsch gelesen. am 1509
70 kommen die briefmarken an die schalter. der tag w
ar ohne sonne regen oder wind. der grellweiße streife
n der himmel & erde trennt war heute nicht. uebrige
ns weiß ich jetzt wie er aussieht. wie eine elektrische b
irne jene von der milchweißen sorte diesselbe leuchtk
raft & toenung hat der streifen. kurzum es ist nicht me
hr wichtig. morgen sagen sie regnet es. der film heute
hat mich gelangweilt »l'astragale« psychologisierende
sentimentale bettgeschichte 1968. die bude ist voll all
es belegt: englaender. machen sich breit wie das empir
e. der norweger aus bergen. still. gut daß gulla meine
haende nicht sieht. weiße tupfen von der warzentinkt
ur. 1,85 kr. soweit so gut. ich werde schlafen nichts als
schlafen & morgen ist erst donnerstag. zeitschinden ist
schwer wenn man nicht genug norwegisch kann um e
ine tagesunterhaltung zu fuehren. eigentlich fuehle ic
h nicht daß ich allein bin aber meine gedankenmonol
oge bei der arbeit stoeren oder irritieren mich irgendw
ie. erinnerungsfetzen die zu geschwuelsten werden. u
eberpruefung von moeglichkeiten die niemals moegli

ch sind: die verwirklichung eines festen ortes oder fina nzielle sicherheit. hier sieht alles irgendwie nach zuku nft aus wenn erst der herbst kommt. ich habe das tag e- und geldzaehlen aufgegeben. 41 1/2 stunden bis zu m wochenende das weiß ich genau. 22^{20}.

s) der bibliothekar 290870
gulla hat mich als noch heinz & 21^{29} im zimmer
frode da waren bei ihm eingefuehrt
dafuer haben wir ihm eine flasche
whisky & eine mit gin ausgetrunken. ich war damals s ehr betrunken & soll mich gulla im taxi unzuechtig ge naehert haben. wer weiß das noch. jedenfalls hatte fr ode dann bedenken mit ihr zu schlafen. das ist aber sc hon so lange her daß es nicht mehr wahr ist. gestern bi n ich nun nach rommetveit zu gunnar hageberg das ist jener von dem ich meine daß. ich wollte mit ihm zum fischen hinausfahren. allein er war schon weg an sein e universitaet oder in die stadt in der er arbeitet. vielle icht trondheim. auf dem rueckweg ich wußte da muß bei der lehrerschule dieser mann wohnen der den pro zeß um des esels schatten von duerrenmatt besitzt. de n wollte ich mir geben lassen. er arbeitete am auto has tig & stoßweise atmete er noch lange danach. er ließ es nicht bei duerrenmatt bleiben sondern schlug vor die s chule anzuschaun.
gut. 1968 neu gebaut fuer 16 millionen kronen. 1839 gegruendet. er atmet hastig in der bibliothek er weist mich auf obstfelder hin ein lyriker & scharlatan zur z eit von ibsen & bjornson. sie verachten ihn die großen literaten. obstfelder ist gut. dann darf ich in einem bild band von munch blaettern er atmet neben mir gehe tzt. klein glatzkoepfig & noch jung. er will deutsch spre chen die zunge versagt ihm das gesicht verzieht sich sc hmerzhaft. er tut mir leid & selbst dann wenn er norw egisch zu mir spricht verstehe ich ihn nicht ein wort se

tzt er neben das andere er spricht worte niemals saetz e. erst spaeter wie er mit seiner frau spricht verstehe ic h alles. er springt die 42.000 baende ab wie ein hase d ie wiese. er lacht und will mir freude machen.
sein lachen ist meckern. wenn ich ihn verstehe mec kert er wenn er mich versteht auch. dann beginnt die große tour durch die werkraeume. hallen: weberei na eherei tischlerei toepferei unten im keller die oefen. dr ehbaenke. werkzeugkaesten die beaengstigen in ihrer ordnung. verschwendung an material. der staat hat ni cht gespart. schalldichte tueren im gesangssaal. jeder l ehrer hat seinen eigenen musikraum. etwas abgesond ert steht ein runder bau wie ein pavillon. nach außen ungefaehr 20 schalldichte zellen mit allen moeglichen instrumenten. in der mitte als herzstueck sein arbeitsr aum das tonstudio. hier steht er als tontechniker. nein die eingeweide will ich nicht sehen. lange hat es geda uert zwei stunden oder mehr die nieren schmerzen. m eine zerfetzte rechte schuhsohle bleibt an einem abstr eifer haengen & reißt noch mehr auf. dann soll ich no ch etwas trinken kommen. seine frau ist ein zartes sc hoenes wesen zierlich blond & er sieht wieder aus als s ei er von kopf bis fuß nur intellekt. er knoepft das hem d auf seine brust ist ein fell & keine brust mehr. er stellt mir gin hin ich trinke & endlich koennen wir reden. u eber moravia pavese das satyricon die schwierigkeit mi ller zu bekommen: aus daenemark wird er eingeschm uggelt in daenischem auftrag fuer norwegen in paris g edruckt.
eines ist mir in stord nie geheuer gewesen: das urteil. fr ode hat mir damals gesagt der mann ist epileptiker sieh dir seine frau an. mit diesem urteil behaftet warte ich n ur auf rote flecken in seinem gesicht das toetet ihn in m einen augen. wie ein hund bin ich gierig auf die vollstr eckung des urteils. nichts geschieht & so ist jener abend der zukunft gerettet. seinen namen weiß ich nicht.

zur situation: die bude ist wieder voll. belgier. damals
am 24. waren es nicht englaender sond
ern franzosen das nur der richtigkeit hal
ber. draußen im fjord tutet schon seit zwei stunden jae
mmerlich ein schiff. es faellt mir auf die nerven. der ve
rkehr ist stark. im ort sind viele besoffene doch keiner
den ich kenne. frode ist wieder da aber nicht anzutreff
en. der bergenser ist fort.
die belgier sind auf sie sind zu sechst & fuellen die kue
che mit ihrem fruehstueck. vor fuenf 300870
minuten habe ich tadeusz borowski's 9^7 im zimmer
»die steinerne welt« fertiggelesen. wa
s ist schon das leben angesichts dieser KZ berichte.
bei borowski gibt es nur ein gesetz nicht leben nur ue
berleben. im grunde tun wir dasselbe. auch in friedens
zeiten. um 11 gehe ich in die kirche. das bedeutet mus
ik & liturg. laecherlichkeiten.

t) die kirche
Du weißt in welchem maße ich kirche kennengelernt
habe in welch massiver form was Du vielleicht noch ni
cht weißt ist daß mich kirche in jeder form interessiert
& gleichzeitig diskussionen ablehne teilweise aus stolz
es besser zu wissen teilweise deshalb weil nicht das ze
ntrale zur debatte steht sondern der glaeubige der sich
verfehlt & sei er der papst.
welche funktion nun aber das was sich hier kirche nen
nt hat muß ich unbedingt beschreiben. es laeßt sich all
es schwer mit ominoesen katholischen praktiken verg
leichen die eingriffe ins leben erfolgen ganz anders. et
wa in der weise wie ein toter eine familie veraendert:
er liegt leiche man geht still im haus herum & versucht
verschleierte augen zu haben. was aber geschieht wen
n der tote den man so gut kennt nicht fortgeschafft
wird?
das ist hier der fall. die erbschaft wurde angetreten. ein

ige wenige halten die wache vierzig mann von 10.000 & immer dieselben. die leiche an sich ist uninteress ant aber da & nicht negierbar. diese anwesenheit der le iche macht das ganze unerträglich.
ein wichtiger faktor also bestimmt hier das oeffentlic he leben. keine lebendige kirche wie ich die kathol. ne nnen moechte keine kirche des dialogs oder der konfr ontation. eine tote organisation die kaum mehr interes se findet & sich dadurch raecht indem sie absurde & z wingende verpflichtungen allen auferlegt. die sperrstu nde in den kaffees ist nicht durch gesetze sondern dur ch die kirche festgelegt ebenso die kleiderregeln im gra nd hotel. der kirche ist es zuzuschreiben daß es keinen alkohol nicht einen tropfen oeffentlich gibt. & alle fluc hen doch niemand wagt es dagegen anzurennen. auf s chleichwegen werden die tatsachen umgangen.
diese form hier von kirche ist irgendwie historisch erk laerbar: puritanertum einerseits pietismus andrerseits. synthese hat keine stattgefunden. die kirche als rahme nhandlung des buergerl. lebens: pastor mit schreiende m taeufling pastor mit leiche pastor mit braut im myrt enkranz. die funktionen des priesters sind klein & un wichtig auch sind seine worte unwichtig keinesfalls m achtworte. was aber hinter ihm & vor ihm steht hat be deutung. einmal die gemeinde & dann die religioes be dingte moral. diese moral geht von einem gott der geb ote & verbote aus. so ist es bezeichnend daß frode es ni cht wagt eine kiste bier ueber den hauptplatz zu trage n. fuer die strecke von 200 m nimmt er lieber ein taxi. er verliere den guten ruf. irgendwie decken sich geme inde & moral: die lebensgesetze werden von der gemei nde von gott hergeleitet & von der gemeinde getragen. die wenigsten unterwerfen sich voll & ganz diesen geh eimen gesetzen die meisten ueben eine richterfunktio n aus die genau an der haustuer des nachbarn endet. was er im hause tut geht wenn es ganz arg ist nur die

polizei an. moral & kirche & kontrolle hoeren hinter d er haustuer auf.
so steht neben der oeffentlich gezeigten biederkeit das private. praktizierter glaube wird von niemandem verl angt & von den wenigsten ausgeuebt. auch missionar ischer eifer wie er bei uns in doerfern & kleinstaedten blueht ist kaum anzutreffen außer
außer man geht in die hoehle des loewen. das ist nicht die kirche sondern das bedehus mit seinen abendliche n »varietènummern«. dort treffen sich die hundert ger echten zu gesang violine & gebet. ich bin leider noch n ie hin & was auf der gasse herumgesprochen wird sind schauergeschichten. sicher duerfte sein daß der ganze verein von pietismus stark gezeichnet ist & surrogate i n sich aufnimmt. von diesem bethaus geht jedenfalls mehr einfluß aus als von so manchen gemeindeschre ibtischen. strikte ablehnung von genußmitteln abendl iche kollekte & lotterie fuer die armen .... die es *leider* nicht gibt.
daneben steht noch ein kleiner trupp der heilsarmee. sie postieren vor dem ojako vor der post & in der ha uptstraße mit ihrem »kriegsruf« oder medaillons fuer weiß gott welche guten zwecke. das weib macht einen etwas dummen naiven eindruck & hat nichts von jen er legendaeren aktivitaet ihrer amerikan. mitkaempfer innen. siehe brecht: johanna der schlachthoefe. am ab end geht sie mit ihrem gleich dummgesichtigen mann durch die straßen in uniform & laechelt. ihr kind hat si e fast immer bei sich.

u) der see 14^{20} kueche

still muß es jetzt sein oben am ådlandsvaln. die boote an den ufern schaukeln nicht einmal auch springt kein fisch aus dem wasser. grau ist das wasser ohne wellen & gruengrau sind auch die foehren & fichten am ufer. eigentlich sollte ich hinaufgehen & sentimentalitaet sc hluerfen … da war doch ein kleines freches duerres m aedchen von fuenf jahren. die haare blond & lang mit blauen lippen & klappernd vor kaelte & immer wieder ins wasser dann wieder klappern ausgiebig herumren nen mit einer grazie die solch duerren geschoepfen m it milchzaehnen und zahnluecken eigen. vor vier woc hen war ich das letzte mal dort es war abend die sonn e ging unter man weiß wie das ist: die fische springen & so & auch das herz. aus der stille wird musik aus der ruhe traeumerei die daemmerung dauert bis 10. nacht wird eigentlich nie der see schimmert als haette er den mond auf seinem grund gefangen.

wien 300870 18^{56}
in der kueche

v) eigenartig meine gedanken schwei fen bei jeder art von lektuere nach wien ab die zeilen wandern weiter & ich bin abwesend weit weg. wo bleibt meine konzentration. wer wursc htelt jetzt in der kueche herum wer schlaeft wer ist w ach & sorgen tauchen auf die fabelhaft kindisch sind: e twa: wie sauber sind die fenster hat man nicht vergess en den herd abzuschalten. es ist grausam wie solche ge dankenspiele sich ueber mich lustig machen & ich ka nn mich nicht wehren. dieses vergangene jahr war so berauschend schoen & unwirklich & immer aktuell da ß ich noch immer davon zehre. im augenblick kitzelt e s mich im magen vor erregung so als koennte ich die n aechste faehre nehmen & einfach losfahren in die hue tte einbrechen alles umarmen was gerade da ist & wei nen. sie sagen das ist heimweh wenn die bilder plasti sch werden wenn im leib ein zittern liegt die tage des exils nur noch nach abstreichbaren stunden gemessen werden. was habe ich in wien verloren? nichts eigentl ich nichts. hier sitze ich mit einem minimum an lebe nswichtigen dingen & koennte eigentlich zufrieden sei n. ich habe ein paar buecher die genuegen waesche

fuer ein jahr nur um die schuhe mache ich mir sorgen.
was habe ich in wien verloren? nicht einmal ein maed
chen erwartet mich keine neuen nachrichten aber fue
r stunden moechte ich angreifen was »mein« ist. was i
st schon mein? zu verlieren habe ich nichts außer mic
h selber & was ist schon verloren dabei: ein seelenloser
der glaubt eine große seele zu haben ein tierchen von
emotionen herumgefuehrt ein kind.
& doch.
zwiebelschneiden.
mitten im verkehr steckenbleiben mich krank aergern
ueber Deinen roller.
oder in die kurven hineinfahren.
geh Du heim ich mach noch einen sprung zum brank
owsky.
wie banal das alles ist. aus diesen banalen komponent
en setzt sich mein leben zusammen das genuegt mir zu
m hoehenflug mit fehlstart. 1 schachtel dreier etwas (v
iel) bier . . . es wird immer dasselbe sein. in der straßen
bahn sitzen zum halben preis die breitarschigen rentn
erinnen bewaffnet mit hueten stoecken blumentoepfe
n hunden. so fahren sie hin & her in dem zweimillion
en altersheim. irgendwo hockt im obersten stock die
meßner emmi unbefriedigt. das ist alles.
& doch.
hast Du keine ahnung wie ich die kleinen frierenden h
uren am guertel liebe oder meine haengematte investi
tion aus glorreichen zeiten. konzert in stereo.
musik fuer die augen.
das ist alles banal & fatal &
sentimental.
an diesen ganzen kram & kitsch habe
ich mich gehaengt.

19^{26} ich geh ins
dorf
ich zerspringe
sonst noch wie
glas

22^{50} in der kueche

nun ist es vorbei im ort war viel leben die abendfaeh
ren waren voll mit schuelern. die gedanken kreisen ni
cht mehr unbedingt um wien. ich werde den mai auch
noch erwarten koennen bis gulla kommt. sie hat zuges
agt. doch das wasser wird bis dahin oft in den fjorden
wechseln. winter kommt ueber oslo & wien. leichter a
ber ertrag ich den winter mit ueberhitzten gasthaeuse
rn als hier den sommer der schon auszuklingen begin
nt mit nimmermuedem regen.
ich bin nicht wie glas zersprungen obwohl ich mir vor
genommen hatte meine klamotten zu packen & loszuf
ahren. wozu die eile? hier habe ich zu essen wenn au
ch wenig hier verdiene ich viel wenn ich auch fuer mo
rgen nur 2,50 kronen habe.
es ist voellig sinnlos ueber dieses wien nachzudenken
das von ein paar bomben zerstoert nicht haeßlicher w
aere. oder
doch?
doch
will ich sagen die stadt sie lebt ihren scheintod eine ver
haetschelte katze wacht argwoehnisch ueber ihrem un
tergang & miaut jaemmerlich wenn die rentnerin ersc
hlagen in der kueche liegt. solange die kronenzeitung
besteht & moldens hochhaus (die beiden gehen nicht
unter, siehe das sprichwort vom unkraut, ich weiß es,
ich bin jetzt gaertner) so lange besteht all das worauf ic
h zustrebe was ich hasse & liebe gleichzeitig. fruchtbar
wird der handel mit dem osten. fruchtbar wird der aus
getrocknete neusiedler see ein neues meer meer aus tr
auben. in 200–300 jahren ist es soweit & ich lebe noch
immer singe noch immer falsch denn ich sterbe nicht
aus. ich nicht. ich weiß Du magst die heurigen nicht.
ich weiß Du magst keine schreie.
ich will mich in trunkenheit versetzen indem ich mir a
lles so lebendig vorstelle daß ich darueber die glaeser s

ehe mit wein. truebe sind sie angelaufen & der wein d
arin ist kuehl sauer herb nach dem dritten viertel nun
beginnen die sinne zu tanzen die magensaeure stoeßt
herauf meine barthaare richten sich auf mich froestelt
auf den wangen. ich weiß daß ich aufhoeren soll.
nun erst recht.
ich beginne zu erzaehlen ganz ruhig mit monotoner sti
mme die mir selber gefaellt & klingt als kaeme sie von
einem anderen zu erzaehlen von dem klosterjahr vom
jahr mit maridl von vielen jahren von allen die ich zur
verfuegung habe.
ich trinke auf gute nachbarschaft mit Dir.
sie ist es geworden es hat sich ausgezahlt darauf zu tri
nken.
dornbach
neuwaldegg
schwarzfahren im schaffnerlosen
den ganzen nachmittag habe ich mir dieses wien vore
rzaehlt & in anbetracht meiner traurigkeit vorsaetze ge
faßt steinharte feste vorsaetze wie immer wenn der he
rbst kommt. & je mehr ich weiß daß ich sie nicht halt
en kann um so fester werden sie.

verflucht ich habe es schon wieder 310870 7^{35}
verschlafen. in der kueche
dieser tag beginnt schlecht. ich habe
eine øre aufgeworfen: koenig olav – zu hause bleiben
oder eichhoernchen – arbeiten. natuerlich ist das eich
hoernchen aufgefallen & das versetzt mich in wut. gut,
jetzt fruehstuecke ich einmal gruendlich dann sehen
wir weiter. immerhin verliere ich 80 kronen wenn ich
nicht hingehe. das wetter ist miserabel. es regnet wie
toll dazu wind. nein ich gehe nicht arbeiten: beschluß
von 8 uhr 20.

Du ich glaub ich werd verrueckt: der wind traegt vom friedhof die klaenge einer blechmusik her. kueche 19h
irgendeine meerwasserleiche wird begraben. paukens chlaege weit bauschig feierlich gedehnt furchtbar tra urig eine melodie die unser volk zu herz-jesu in den ki rchen aus voller gurgel bruellt: auf zum schwur tiroler land. herr verzeih ihnen denn sie wissen nicht was sie spieln.

ich bin hinunter gegangen: es war nicht am friedhof. kueche 0h
vielleicht oben am krankenhaus es folgten noch maers che. dann vor lauter nicht wissen was tun zu reidar. kl assische musik. eroica missa solemnis kroenungsmess e ein deutsches requiem. er hat mir auch zu essen geg eben: ein ei kaese karfiol ein bier. im grunde war er un ertraeglich wie immer. er ist schwerhoerig sein rechter ringfinger ist zwar ein kompletter finger mit nagel aber kuerzer (wesentlich) als der kleine. er hat zu dirigieren angefangen. gerne haette ich handschuhe angezogen leise meinen revolver herausgenommen ihm zwisc hen die augen gelegt gedrueckt dann das ding dem um gefallenen fest in die hand & nichts wie fort. nichts ang eruehrt kein geld: »selbstmord« wie im krimi … so se hr hasse ich diesen menschen. es ist morgen geworden der 1. september ich werde es wohl wieder verschlafe n. vielleicht. es stuermt der fjord ist unruhig.
auch ich.

inzwischen hat es wieder ge regnet tagelang. ich arbeite 030970 21^{17} kueche
nur noch in grellgelbes oelzeug verpackt & weil alle no rweger große fueße haben rutsche ich in den stiefeln hin & her. alle fuenf minuten fressen sich die socken bis zu den zehen vor. walther dietl hat aus spanien ge

schrieben & renate beklagt sich bitter ueber die karte die nicht angekommen ist. sie muß! kein wunder einmal in suedtirol dann in spanien: wenn das gute kind nie zu hause ist wie soll sie die post lesen koen nen.

in beantwortung Deines briefes vom 280870:
peter slavik
wilckensweg 4/8 a 1190 wien
Deine boesartigkeit freut mich weil sie mich an ein kla effendes verschrobenes tier erinnert dem so alles mehr oder weniger wider den strich geht. wirst Du nicht lan gsam alt? oder bist Du Dir als zielscheibe eines so imag etraechtigen subjekts zu gut? Deine giftigkeit ist pure p feifensulze … etwas scharf & aetzend aber halt nur ein brauner fleck auf dem fußboden. inzwischen wirst Du vielleicht auch bemorken haben daß nicht jeder brief nur imagepflege ist. meine frage nach dem erscheinen der SH anthologie hast Du mit liebenswürdiger verg eßlichkeit nicht beantwortet jedenfalls wird gehoerige strafe in wien folgen: ich spiele Dir beim schnoellen & treschetten geld giftigkeit vergeßlichkeit & altersersc heinungen ab bis von Deiner person (lies persoenlichke it) nicht mehr uebrig bleibt als ein fader strich im hint ergrund. mir kleinem dreck hat der landeshauptmann nicht geschrieben jedenfalls ist bis dato nichts da. dafu er hoffe ich fuer Dich daß Du die frischgeknuepften be ziehungen nicht abreißen laeßt. es waere zu schade u m den landeshauptmann … immerhin bist Du doch w er & das muß Dir der neid lassen mehr als er. was Dein e kritik am franzi betrifft so zweifle ich sowohl an Dein er als auch seiner vernunft. das große kind traegt dem kleinen kind nach daß es spielt. das große kind tut erw achsen. das kleine auch eben anders.
»… der karakter des briefs ist nur aergerlich« (alton):

ich frage nicht lange ob ich fortfahren darf alsdann kap
itel w

w) lektuere
stern & spiegel regelmaeßig 1 mal schoener wohnen 2
mal jasmin 1 mal twen 1 corriere della sera 2 mal bun
te illustrierte taeglich »sunnhordland« manchmal »be
rgens tidende« oder »hangesunds avis«.
2 nummern »vinduet« beste norweg. literaturzeitsch
rift herausgegeben von jan eric vold
3 krimis: patricia carlon »sterben ist kein kinderspiel«
rororo 2184 furchtbar langweilig & ungesc
hickt eine weibliche leiche taeter von vornh
erein bekannt
michael molsner »harakiri einer fuehrungsk
raft« rororo 2178 versuch eines 31 jaehrigen
deutschen autors einen krimi auf die welt zu
bringen. reines conterganbaby eines faschist
oiden aktualitaetenkraemers. ein regenboge
nreporter sucht einen nazi der 45 seinen sc
hulfreund mit tritten ins jenseits befoerdert
hat. sein neuer chef ist es. er will ihn umleg
en dafuer wird er vom opfer befoerdert. allei
n der chef faellt in fremde haende. rocker ha
uen ihn zusammen. er ueberlebt. molsner sc
himpft wie die bunte illustrierte auf die roc
ker fuer die gibt es kein happy end. grauen
hafte schweinerei. kein toter.
joyce porter »scotland yard besticht man nic
ht« rororo 2177 faschistoid & langweilig. prei
sung des kapitalismus & der polizei. eine tote.
wolfang borchert »die traurigen geranien« rororo 975
habe ich fuer sehr gut befunden. klar sachli
ch stilistisch sauber bitter poetisch.
»love love love« amerikan. liebesgedichte modern sex
uell ausgerichtet verstehe zu wenig. habe ic

h vom bibliothekar in rommetveit geschen
kt bekommen.
friedr. duerrenmatt »der prozeß um des esels schatt
en« furchtbar mageres hoerspiel
elias canetti: »die stimmen von marrakesch« reihe ha
nser 1 hat mir joseph mair geschickt. orden
tl. geschrieben etwas zu konservativ.
taudeuz borowski »die steinerne welt« dtv 673 das be
ste buch in diesem sommer. kz-geschichten
aus erster hand großartiger stil objektiv ehrl
ich einfach wahr in dem maße wie man bei
solcher vergangenheit wahrheit sagen kann.
stilistisch die beste loesung des themas.
sig bjørn obstfelder »sam lede dikt« lanterne-bok 64.
treffliche gedichte eines zeitgenossen des s
nobistischen ibsen der ihn als scharlatan bez
eichnet & dementsprechend gehaßt hat. we
gweiser fuer aktuelle norw. lyrik † 1900
jan erik vold »kykelipi« was bei jandl pures getue ist
hier mordsgaudi. leicht zu verstehen gut ueb
ersetzbar. ich habe ihn recht gern. vielleicht
treffe ich ihn in oslo. zum spaß uebersetze i
ch mir die sachen … nur fuer hausgebrauch
verstanden! nicht fuers image
auf dem programm stehen noch: hermann hesse »narz
iß & goldmund« & virginia woolf »mrs. dalloway« (letz
teres von j. mair gerade geschickt bekommen) dazu le
se ich taeglich 1/2 stunde norwegische texte x-beliebi
ger herkunft. dient nur zum studium … oberflaechlich
aber immerhin. ein exempel liegt bei. bitte aufheben.

22^{36} gute nacht
fortsetzung in der naechsten bunten!

ps. technicum
was ist mit der SH anthologie?
versuche in das neue »wort im gebirge« bergland-verl

ag einsicht zu nehmen & schreibe mir was sie von mir gedruckt haben. wenn es erschienen ist wirst Du es wo hl in einer landecker buchhandlung finden. oder in in nsbruck.

050970 9³⁶ kueche

p) die reise

3. tag 090770 der tag war gut so gegen neun brach ich auf. bezahlen brauchte ich nichts. der verkehr war la hm. es kam ein guter wagen richtung fulda. ins zentru m wuerde er fahren. ich geh mit. einen halben tag bin ich in fulda herumgestrichen ins museum in die kirche n zum grab des heiligen bonifatius. ich habe einiges fot ografiert & schließlich stand ich vor einem jener spiela utomaten & verlor 6 mark dazu im schmerz 6 bier. die zeche zu prellen wagte ich nicht. es kam zu einigen reg enguessen. um halb vier brach ich auf sieben kilomete r zur autobahn einmal verlief ich mich. an der ausfahrt wieder ein guß aber kurze wartezeit. selbst mercedesw aegen halten jetzt. ein ingenieur Deines alters er gibt mir zigaretten & faehrt bis kassel noch dazu setzt er m ich an der richtigen ausfahrt ab. die sonne scheint du rch schwarze wolken. ein laster langsam aber sicher: g oettingen! gut mir ist nichts zu wenig. ich beginne die lueneburger heide zu fuehlen das land ist noch huegel ig die straße pfeilgerade die schwarzen oder dunkelbl auen rinder werden am rand in den unterstaenden ge molken. sie bleiben immer im freien im winter binden sie ihnen decken um. an einer stelle ist ein laster hina usgefahren steine liegen im graben dann der laster um geworfen mit zwei ausgerissenen baeumen geschmue ckt. an der raststaette setzen sie mich ab ich soll nur au f hamburger nummern achten & einfach fragen. schon der erste nimmt mich mit unendlich schleichend kom mt die milchige nacht herauf. bis 10 sind wir sicher d ort. er faehrt den wagen gut einfacher VW. mit der zeit

kriege ich schmerzen im rechten oberschenkel. ziehe nde schmerzen ich fange an unruhig zu werden & in d en unmoeglichsten stellungen zu sitzen. es hilft nichts. der fahrer ist ein angenehmer junger mensch er kennt sich gut aus in politik auch in kultur. es laeßt sich gut mit ihm reden. ueber suedtirol verliert er kein wort. se inen beruf gibt er nicht preis erst hundert km vor ham burg nachdem wir lange ueber die abschaffung des oe st. heeres diskutiert haben spricht er von sich: ausbilde r beim bundesheer. ich bin ziemlich ueberrascht. es fol gen die ueblichen themen: ich verteidige die wehrdien stverweigerung er akzeptiert gewisse gruende. dann in hamburg faehrt er mich herum versucht mir die nae chtl. stadt zu zeigen. die huren sind hier entsetzlich gr oß matt im gesicht & tot. die reeperbahn ist nichts bess eres als ein teurerer lunapark mit lichtern in allen farb en. der gescheiterte versuch eine welt der unterhaltu ng aufzubauen. st.pauli ist wohl das deutscheste an su ende. st. georg das revier der strichjungen. irgendwie b in ich zu muede es aufzunehmen es ist mir zuviel. in d er jugendherberge ist seit sechs kein platz. reinhard ve rsucht mir angst zu machen bei der polizei kann man in leeren zellen uebernachten sonst ist es nicht ratsam: homosexuelle in den parks oder kriminelle & immer w ieder razzia. gut ich kriege nicht angst. aber der schla umayer hat schon in goettingen mit seiner frau telefon iert ob er mich notfalls mitbringen darf waehrend mi ch fast der schlag traf weil fuer ein kleines bier vier ma rk zu bezahlen hatte. ich soll mir mal keine sorgen ma chen er bringt mich heim seine frau wird schimpfen gut …

keine spur sie faellt um den hals sie lacht mich an lae ßt es sich nicht nehmen frische bettwaesche herauszu reißen. dann nehmen sie mich noch mit in eine kleine kneipe & ich muß eine currywurst essen die ist sueß d azu zwei bier. sie strahlen sich an morgen hat er geburt

stag ich gratuliere. er zahlt alles. ich schlafe ruhig & g
ut in dieser nacht.
aufzeichnung vom 09/100770
hamburger nacht + tag. reinhard der leutnant + ingrid seine frau + zwei soehne + davon weint einer wie ich endgueltig aussteige. noch habe ich 5 mark. voller ma gen fuer unterkunft + verpflegung sorgt ingrid. reiches hamburger fruehstueck christians bekehrungsversuc he haben gefruchtet. reinhard will mit dem leutnants ein der demokratie dienen. von der mundart verstehe ich kein wort. am autobahnrand grasen herrliche pfer de seeluft allenthalben das wasser laeßt sich riechen. ic h freu mich unbaendig auf das meer. heute morgen ko nnte ich duschen ich bin wieder sauber. die gruenen h osen halten einen krach aus nur einen nylonbeutel br auche ich die gebrauchten socken zu verstauen. ich so ll ungeheuer sympathisch sein sagen sie einhellig. wu ßte ich nicht + bin stolz. gestern noch in fulda gesoffen & kunst gesehen heute holstein schon & vielleicht daen emark. schwarzweiße kuehe. woher aber nehme ich d en mut wieder ganz unbeschwert zu sein: hier bin ich niemand d. h. *ich*.

4. tag 100770

machtilshausen – fulda – kassel – goettingen – hamburg

060970 17^{05}
im wohnzimmer des hauses in fransen

lateinisches intermezzo
aus einem lesebuch fuer mediziner

de duabus mulieribus a contractione membrorum lib eratis
eodem tempore puella quaedam parva ab infantia def ormiter contracta ex ecclesia sancti olani sana egressa

est. item uno anno post in festo sancti olani eandem gr
atiam alia puella accepit: nervus eius aridi fuerant et p
er quinque annos talos cum clunibus iunctos habue
rat. eodem anno eo loco qui sticlastader appellatur mu
lier quaedam visum recepit cuius pupilla ab alio infant
e in pueritia cultello violata erat.

der tag ist so blitzsauber so richtiges fotografierwetter s
chneidender spaetsommerklarheit. das sieht man an d
em bagger in der wiese der gelb & scharf dasteht kei
nen millimeter verbirgt er. ich habe eben gegessen
hier bei frode der erst gestern von bergen zurueckka
m.

es tut mir leid Dir auf diesen freßzetteln zu schreiben.
im augenblick habe ich nichts anderes. es geht langs
am auf sechs zu & ich sitze da in den paletten & warte
ab. ich will mit frode eine rundfahrt im fjord machen a
uf einem monstroesen rundfahrtschiff. es wird bis 0^{30} d
auern morgen bin ich dann wieder gestorben. das kom
mt davon daß ich zu nachlaessig mit mir selber bin: wa
s mir nur irgendwie nicht paßt wird abgeschoben in d
ie unmoeglichkeit noch dazu melden sich herphantasi
erte krankheitssymptome die morgen frueh strenge be
ttruhe fordern. irgendwie spuere ich auch das ende ko
mmen noch 18 tage dann ist es da 14 arbeitstage noch
gleichbedeutend mit 117 arbeitsstunden das macht un
sagbar muede. es geht nicht darum physisch durchzuh
alten es gilt nur den pruegel zu finden die zeit damit to
tzuschlagen. es ist alles gut & recht aber so wichtige ko
mponenten wie eine halbwegs interessierte interessan
te gleichgesinnte gesellschaft fehlen einfach: essen aus
dem napf & immer allein stur vor Dich hin sogar das c
ola trinke ich allein. mit φροδε ισθ αυχ νιχτς ζου Fωλ
λεν.

sunnhordland 19^{02}

in richtung utbjoa
& nichts als alles blaugrau taubenblaugrau & dieses me
er hier vom rauchsalon aus dann die berge nirgends ist
das meer offen die berge hinten von denen man weiß
daß sie nur einen neuen abschnitt des fjordes eroeffnen
diese berge sind etwas tiefer taubenblaugrau. moewen
sind keine da. irgendwie beruhigt das ruetteln des mot
ors das zum singen anleitet der schwache bariton aus
dem radio singt schon von einer kleinen wiese: lillebø
oder so. dann gruene flecken die ersten von utbjoa. d
er motor verstummt pippi langstrumpf singt norwegi
sch von sich. wenn die berge & das meer dann dunkel
sind schreibe ich weiter: aber das werden sie wohl nie
leichter schimmer bleibt
außerdem legt sich schimmer vom bordbier auf mein
hirn sehr leicht ganz leicht

19^{35}

von utbjoa sind wir schon wieder fort. vorhin da war d
er himmel taubeneigrau & jetzt … ich weiß es nicht. d
as meer jedenfalls ungemein glatt ist lebendig schwarz
wie chinesischer lack der an wenigen stellen kleine sa
nfte falten aufgeworfen hat nur an der stelle wo das sc
hiff mit dem wasser verbindung aufnimmt zieht sich w
ie willkuerliche belg. spitzen ein band. ganz weiß. das
gemisch aus wasser & luft das sie schaum nennen. dru
eben die einzelnen felder sind noch gruen mehr weiß
man es als man es sieht & die haeuser sind noch helle
flecken es ist die zeit in der die farbe untergeht & alles
sattdunkel wird. die nuancen schwanken zwischen du
mpf stumm & spiegelnd.
frode ist da mir gegenueber maedchen haben wir kein
es aber bier & das troestet eigentlich tun wir beide ni
chts als kleinigkeiten reden es fehle ihm an inspirasjon
sagt er & er wird Dich nur grueßen. natuerlich bed

auert man einhellig daß Du nicht da bist. wie ueblich.
man schickt sich in das unmoegliche mit einem befreit
en seufzen daß es unmoeglich ist & laeßt es bei zwei m
aximal drei gedanken bewenden die etwas von schade
nfreude an sich haben. also nochmals
wir sind heilfroh daß Du nicht da bist weil wir Dir e
twas voraus haben ein schiff das gut stampft weiß ang
estrichen ist & im augenblick schaukelt … ja wir hab
en Dir viel voraus im augenblick vielleicht sogar das bi
er & ein sechzehntel portwein fuer 6 kronen koennten
wir uns auch noch leisten …. in diesem sinne will Di
ch der inspirasjonslose frode grueßen:

070970 23^{19} kjeere christian …

schreiben will er nichts. warum sollte ich eigentlich no
ch weiter. wir haben unseren punkt erreicht → φολλ.
abgesehen ganz davon daß die fenster alles widerspi
egeln & keinen blick nach draußen zulassen ist es alles
schwarz geworden ohne zusammenhang schwarz sac
kschwarz meer erde berge himmel. ein wenig regnet e
s. an der situation aendert es nichts. wir schnaufen bei
de wie stiere Du weißt wenn nur noch aus einem nas
enloch der atem kommt & geht & eintritt dann blaest
man so um weder fahne noch sonstwas von sich zu ge
ben. man scheint zumindest durch dieses nasenloch si
ch entladen zu wollen. kompliziert …? vor etwa ein
er stunde sitzung auf dem schiffslokus. durch das auge
kommt frische luft & es ist beruhigend daß es verschr
aubbar ist – ersticken … nein ich habe onaniert prem
iere des tausendfach aufgefuehrten stuecks auf einem
fahrenden schiff. meinen hintern an die kuehle oelfar
benwand gepreßt. sehr eigen. ziemlich lange habe ich
zur erektion verwendet es kam kein bild dieser alkoh

ol verdraengt die phantasie dann aufeinmal war es da
das schwarzhaarige weib eine frau nur aus brust & bau
ch gebaut mit haaren bedeckt ein fell dick wie von ein
em schaf. dann alles vorbei ein zucken schmerzhaft da
s gesicht im waschbeckenspiegel die grausamen kante
n meines kopfes die langen aufrechten haare im nac
ken der zweimonatbart … ich fand zu mir & meiner be
trunknen haeßlichkeit zurueck. daß ich mir die haend
e gewaschen habe weißt Du & den samen mit meinen
fragmentar. schuhsohlen auf dem boden verteilt. waru
m ich noch schreibe & wie gut? wie ueblich … letzter
blick vor der totalen bierfinsternis.

stord 080970
21^{08} kueche

manchmal habe ich angst & daran merke ich daß ich n
och immer fremd bin hier: eine angst von derselben so
rte wie sie mich ergriffen hat als der fotograf in der nac
ht die leiche entdeckte (blow up) oder wie ich sie von
der wattgasse in ludwigshafen her kenne. zur linken h
and der gueterbahnhof mundenheim ein schmaler we
g mit drahtzaeunen & schlagloechern zur rechten voel
lig verwilderte grundstuecke mit ebenso verwitterten
warnschildern: grundstueck vermint. so ist es auch hie
r: die wenigen lampen rutschen mit ihrem licht auf de
r nassen straße hin & her die haeuser liegen tief in ih
ren gaerten der wind geht warm stuermisch launisch
wechselnd das meer hat einen bedrohlich arhythmisc
hen ton der – gaebe es gefaehrliche toene – diese schlu
cken wuerde & mich mit dem monstrum oder der leic
he allein lassen: ploetzlich konfrontiert. so stelle ich mi
r vor wie ich einen harten hohen schrei ausstoße wae
hrend in den hohen baeumen die blaetter sich rausc
hend reiben & ich immer schneller gehe & doch nicht
schneller um das unvorhergesehene nicht zu reizen d
as nur wartet auf zeichen meiner angst. es ist bei tag be

sehen nur ein ganz kurzes straßenstueck von der kirch e bis zur herberge eine minute lang. ich kann mir das nicht erklaeren & will auch keine loesung finden. ich habe diese angst jeden abend außer ich gehe irgendw ie beladen heim was ja selten genug vorkommt & da nn wenn ich die tuer beruehre faellt sie ab wie elektr. ladung die auf einen leiter trifft.

p) die reise

IV. tag 100770 hamburg – bad segeberg – neumuen ster – rendsburg – fanø sønderho

so gegen acht wache ich auf. es ist ungut in einem fre mden wohnzimmer aufzustehen wenn man die sitten des hauses nicht kennt. ich hoere auf die laute aus den anderen raeumen & es dauert ziemlich lange bis ich m it den ohren ausgekundschaftet habe ob lokus & bad fr ei sind. & wie soll man den gang ueberwinden: vollbek leidet (d.h. der waescht sich mit fingerspitzen die nase nspitze) in unterhosen (der will sich zeigen...) oder in der hose mit handtuch auf den schultern. eigentlich ist es kein problem. draußen stehen sie wie die soldaten e r grueßt hell & laut & auch sie & die beiden buben die sie in die ehe mitgebracht hat haben ihren letzten sch ultag. ich darf mich ordentl. duschen dieses haus ist e in genuß. dann verabschieden sich die zwei der eine g roß & etwas dick laut kameradschaftlich so'n echter d eutscher junge ehrlich mit butterstullen genaehrt der kleine zart mit großen braunen augen im schmalen gesicht still: vorher zeigen sie noch wohlgesittet zwei handarbeiten vor zwei krokodile: das erste aus holz geschnitzt angekohlt & mit glaspapier abgerieben da mit die maserung besser herauskommt das zweite aus pappe laeßt sich wie eine harmonika entfalten & wac kelt .... hamburger fruehstueck: sehr reich eier schin ken kaese speck orangenmarmelade butter kaffee mi lch tee wie es sich eben Deiner meinung nach gehoert

… ich kann nicht mehr doch ich halte durch immerh
in bin ich von Dir einiges gewohnt. einige einkaeufe si
nd zu erledigen die leeren bierkisten z.b. im kaufhaus
einloesen. dann soll ich mit ins holsteinische nach bad
segeberg. dort werden sie moebel kaufen sie uebersied
eln bald in den sueden wo er stationiert ist. die kinder
nehmen sie auch mit. der kleine weint weil er seine mi
tschueler & lehrer verliert an diesem tag. truppenverb
aende sind auf der straße der große hat panzer im kopf
& fragt tausendmal nach techn. kleinigkeiten dem and
ern sind die pferde in den feldern wichtiger & er erklae
rt ganz unaufdringlich was er von ihnen weiß. bad seg
eberg & ich gehe meiner wege & der kleine weint sc
hon wieder. irgendwie beneide ich ihn wie er seinen v
ater voller ueberzeugung bittet: Du nimmst wieder ein
en solchen anhalter mit der bleibt dann eine woche be
i uns – eigenartig dieses volk – es sollte noch eigenarti
ger werden … heute noch. in bad segeberg ist es kuro
rtmaeßig ruhig. ich gehe auf ein bier. die haeuser sind
niedrig teilweise bunt bemalt & strohgedeckt. furchte
rregende sauberkeit & auf dem hang eine windmueh
le.
an der straße stehe ich zieml. lange & der kommt fae
hrt nicht weit. in den naechsten tagen will er nach fra
nkreich & da weiter oben in dem ort ist ein großes bill
iges einkaufszentrum da will er sich eindecken. hier in
der naehe finden auch die karl-may-spiele statt. das ga
nze ist ein typischer einkaufsstall eine schlauchige hall
e & ware schreiend mit preisen beklebt. er bringt mich
noch bis neumuenster so aus gefaelligkeit. der naechst
e braucht lang bis er kommt. es ist ein strohblonder k
erl er spricht nicht viel er ist bei der bundeswehr zur z
eit. was sein autokennzeichen zu bedeuten habe das k
enne ich nicht. och das ist neu das haben die fries. ins
eln. warum ist da so ploetzl. eine starke straßensen
kung & ein tunnel wo doch das ganze land flach ist &

die straßen schnurgerade. och da oben geht der nordo stseekanal drueber. dann ploetzlich nach rendsburg bi egt er ab haelt an geradeaus geht es nach daenemark. die sache sieht schlecht aus die straße laeßt hier zu gr oße geschwindigkeit zu außerdem stehen schon zwei da. die sonne scheint & es ist schoen & gut & recht als o setze ich mich vor dem haus da auf die bank das einz ige haus an der kreuzung ein wirtshaus noch mit den ringen zum anbinden der pferde in der gekalkten wa nd. es ist aussichtslos: das paerchen wechselt sich im w inken ab. nach mehr als einer stunde haelt einer kom mt von 110 km/h auf 0 nieder wilder zweisitzer mit se geltuchdach ganz offen. ein junger mann so um die 30 & seine frau. hinten auf der bank ist fuer zwei unmoe glich platz das paerchen trennt sich nicht ich aber der keinen finger geruehrt hat bin weg & ziemlich weit s oll es gehen bis esbjerg tief ins daenische.

22^{30} gute nacht!

oslo – studentbyen – sogusveien

270970 0^{22}

es ist eigentlich recht interessant so in einem maedc henzimmer zu schlafen ich meine schlafen zu wollen & auch zu koennen. Du staunst ueber meine gefuehl skaelte daß ich nicht laengst zu bette liege & da dahi nschreibe noch dazu Dir. nun sie liest zeitung & ich bin physisch zu muede auch nur ein glied zu regen. zwar weiß ich nicht was oslo ist ich bin mit ihr ueber die her bstfelder ins kino zu dem neuen antonioni .... was so lls?

hier in der mensa die sich zu recht restaurant nennt ha engen in fuelle munchbilder es grenzt ans schaurige wie in unseren heimen gehaust wird. & wenn gulla in einer nacht auf ihrem zimmer zehn maenner & vier fr auen verbraucht schert sich kein teufel darum.

es ist ueberhaupt alles verrueckt
das wetter ist scharf & aus messern die sonne
gulla hat ihr ganzes deutsch vergessen
& sie ist vergraemt … vor dem kino hat sie die
geldtasche verloren …
manchmal kommt sie mir vor wie eine aufgeklaerte
tante
ihre augen sind blau
alles spinnt
alles spinnt sich um mich bis diese nacht vorbei
ist & dann ueber schweden gegen sueden
durch diesen scheißschlauch von deutschland
hindurch

norbert conrad

Briefe an Freunde

An Irmtraud Mair

bruneck,21.1o.68

leider wueßte ich nicht wie ich Dich anreden sollte-
ich laß es bleiben und rede Dich einfach direkt an
dieser brief sollte nur ein vorschlag sein
doch zur sachlage: Du malst,zeichnest und liebst kun
stgeschichte und bist mir sympathisch(gerade weil Du
malst etc - ich hasse uebrigens das wort sympathisch
aber Du weißt was es in diesem fall heißen soll) wir
haben uns nur eine gute stunde lang kennengelernt da
mals als ich mit siegfried und peppi von urbino kam-
im rentscher hof
unser dialog war monolog fachgespraech
Du hast mir kunstkarten geschenkt ich habe Dir versp
rochen welche zu schicken Du weißt daß ich gedichte-
schreibe
ich habe inzwischen meinen stand gewechselt aber das
tut nichts zur sache mein standpunkt zu dichtung und
kunst ist gleichgeblieben das ist wesentlich

I vorschlag: ich könnte Deine werke bedichten
II vorschlag: Du könntest me ine lyrik ausstaffieren
format: 22 x 14 cm
III vorschlag: wir könnten diskutierend disputier
en
ad III: wir haben das ha t sich damals gezeigt-
zuviele gleiche interes sen und somit eine fue
lle von diskutablen un d schreibbaren themen-
ad I: Deine werke gef allen mir obwohl ich s
ie nicht ganz akzept iere ich koennte dazu-
schreibens sangesl ust = waldeslust besin
gen ist unaktuell- ich wuerde sie bedicht
en
ad II:wir koennt en gemeinsam etwas her
ausgeben: illus trierte lyrik oder sow
as der graphi sche teil waere Dein -
ad I und II:- hoechstselten hat etwa
s ordentliches aus der zusammenarbeit bild-wort hera
usgeschaut man muß es wieder versuchen suedtirol lie
gt brach wir koennen uns jederzeit trennen und bespu
cken es waere eine geistige vernunftsehe(ich darf so
nst nicht heiraten - scheidung moeglich!)
Zur zeit erwaechst Dir nur eine pflicht,mir zu sagen was Du von
alledem haeltst ab cd efghijklmn norbert opq conrad fghij kaser

norbert conrad kaser

fr.christoph kaser
kapuzinerkloster
39031 bruneck

An Friedrich Unterer

bruneck, 8. II. 1969

verzeih mir, lieber fritz, aber ich habe Dich immer irgendwie für faul gehalten, mindestens für schreibfaul. einmal habe ich eine riesige freude über Deinen brief und seine länge, zum anderen sehe ich gerne ein, daß ich mein »faules« urteil von Dir gehörig revidieren muß. kurzum, Dein fleiß und Dein brief verdienen eine ordentliche antwort. auch sind die fragen, die Du mir stellst ziemlich interessant und meine antworten habe ich nun nach langer betrachtungszeit für Dich bereit.

gehorsam: der gehorsam ist äußerlich gesehen nicht größer, wie überall auf der welt; in jedem beruf hat man sich einer bestimmten ordnung zu unterwerfen oder man fliegt raus. vielleicht könnte man unseren gehorsam intensiver nennen, am besten untermauert und erklärt man ihn mit dem abstrakten begriff christlicher liebe – ein begriff, der mir wegen seiner abgegriffenheit schauderhaft vorkommt, den ich leider verwenden muß. der wille des hausoberen, der wirklich alle verantwortung und arbeit auf sich konzentriert hat, gilt als ungeschriebenes gesetz. befehle und verordnungen kennen wir überhaupt nicht; befehle werden nur erteilt, wenn auch erwartet wird, daß sie übertreten werden. der wille des hausoberen ist im grunde viel diskutabler als der wille etwa eines schuldirektors. fehlentscheidungen fallen direkt auf ihn zurück, wo ein direktor sich noch lange die hände in unschuld wäscht. natürlich gibt es auch bei uns in der gehorsamsfrage mißstände, aber im großen und ganzen läßt sich sagen, daß wir kapuziner als utopischer staat in kirche und staat leben. warum bei uns alles gut funktioniert, daran hat der tollste konkret-abstrakt-lebendige begriff der menschheit schuld: der gott der christen. so ist es mir auch aus mein

er froschperspektive erklärlich, daß bisher alle utopisc
hen staaten, wenn sie überhaupt zustande kamen, seh
r bald eingingen, weil ihnen gott irgendwie fehlte (ma
chiavelli, morus, campanella, bacon, augustinus). daz
u wäre noch zu sagen, daß im lauf der zeit einige orde
n eingegangen sind, weil sie entweder in »gehorsam, k
euschheit, armut« über das ziel hinausgekommen sind
oder ihre ziele selber untergraben haben.

demut: die demut erinnert sofort an speichelleckerei
und schleimscheißerei, und ist wie mindestens 90% d
er begriffe unserer kirche fragwürdig und sinnentleert.
diesen begriff hätte es nie gebraucht, ist doch damit nu
r eine form christlicher liebe gemeint. demut hat auf al
le fälle jener mann nicht, der sich vor den tabernakel s
tellt und laut dafür dankt, daß er so gut geraten sei. au
ch kein schmeichler, weil ihn ja nur die äußere form d
er demut zum erreichen seiner ziele führt. demut ist vi
elleicht das, wenn man namenlos ist und mit dem na
men seine rechte verliert, obwohl man genau weiß da
ß man damit göttliches recht gewinnt, in göttliches rec
ht aufgenommen wird. emotion und intellekt sind dab
ei gleichrangige faktoren. demut ist auch nicht jene sel
bstbefriedigung, die man verspüren kann, wenns eine
m willentlich und wissentlich schlecht geht: sich selbe
r geißeln, muß noch lange keine demut sein. ich kenn
e nur wenige begriffe, die von zeit zu zeit so grundvers
chieden interpretiert wurden, wie gerade die demut; d
ie äußere form war immer strittig und zeitgebunden. s
o kennt die kirche genügend demutsheilige, die wir nu
r bei oberflächlicher betrachtung ohne weiteres als sch
einheilige abtun. was vor dreißig jahren noch wirklich
demütig war, brächte heute jeden als katzbuckelei zu
m kotzen, damals aber damals war die kirche noch viel
autoritärer und autokratischer, und ließ nur ganz geri
ngen spielraum für dialog, diskussion und eigene ents

cheidung, dafür war jede gebetssilbe von oben her bis ins kleinste festgelegt.
gewissensfreiheit ist meines erachtens das beliebteste modewort von klerus und aufgeschlossenen laien. ko mmt von oben ein wort, so fühlt man sich von vornehe rein schon in seiner privatsphäre bedroht, verteidigt m an eine meinung – die noch lange nicht stimmen muß – so wird die gewissensfreiheit als primäre und schlagk räftigste waffe herangezogen. oft liegt der schluß nahe: ich kann mit bestem wissen und gewissen ja tun was ic h glaube; die gewissensfreiheit läßt sich schon für die ei genen zwecke zurechtbiegen und einsetzen. Du weißt, wie das dann aussieht, der laie sieht's vom klerus, der klerus verweist auf den laien, so beginnt der circulus vi tiosus der tollsten gewissensfreiheiten. so wird dann so lange an der pille herumdiskutiert, bis nichts mehr übri gbleibt, anstatt daß man sie ohne langen skeptizismus einfach nach bedarf nehmen oder empfehlen würde. di e pille ist überhaupt das steckenpferd für viele katholik en, die ihre dummheit und diskussionsunreife unter be weis stellen wollen. – ich selber bin der erste, der die ge wissensfreiheit verteidigt, und zwar nicht nur meine, s ondern besonders die meines jeweils nächsten. vom or den aus habe ich volle freiheit, ich brauche mich nur d er hausordnung zu unterwerfen, die zeiten einhalten, wie man sie in jedem büro auch einhält: was ich sonst in meiner zeit tue, denke, lese, schreibe oder mache, lie gt voll und ganz in meinem ermessen. ich kann mich h inhauen aufs bett und wild onanieren oder auf den knie n rutschen und den ganzen vormittag die heilige agath a anflehen oder zehn zigaretten in einer halben stunde rauchen. in meinen vier wänden bin ich völlig frei, mei n haus ist mein schloß: die verantwortung liegt ganz be i mir. ja, und ich würde auch onanieren, mich betrinke n, zuviel rauchen, wenn da nicht der verflixte genius lo ci wäre, der da ist gott, unser herr. allein deshalb wird j

ede zigarette und jede taschentuchbenützung zur frage: soll ich? muß ich? Du hast von einer bestimmten ster ilen atmosphäre gesprochen, in der nichts aufkommen könne, wenn man aber praktisch 8 stunden allein mit sich selber ist, glaubst Du da wirklich es käme nichts au f? so gedanken aus meiner turbulenten vergangenheit, von der Du doch das letzte jahr ziemlich gut kennst. ic h hätte die möglichkeit mich mit heiligen bildern und büchern zu umgeben und bewußt alles abzudrängen. d a lobe ich mir aber doch die gewissensfreiheit: mit sich selber sein und denken und frei entscheiden müssen, was tu ich jetzt. NB.: Du brauchst keine angst zu habe n, es gibt hier weder einen index, noch eine zensur, das briefgeheimnis wird geachtet, die meinungsfreiheit jed es einzelnen respektiert, wenn sie sich nicht gerade hi mmelschreiend gegen den orden richtet. – nicht umson st gingen einige untergrundbewegungen in spanien un d sizilien von klöstern aus. manches negative wird hier im wahrsten sinn ausgebrütet, aber noch viel mehr pos itives.

nun wirst du schon längst mein pseudo-theologisches geschwafel satt haben. vielleicht bist Du auch gar nicht an solchen antworten interessiert: sicher ist in Dir die meinung entstanden, ich wäre das heiligmäßigste oder zumindest scheinheiligste wesen, das man kennt. ich muß da korrigieren: ich bin weder gehorsam, noch de mütig, noch arm, noch keusch und nichteinmal gewis sensfrei. es geht so schlecht und recht, bin optimistisch und theoretisiere gern. die vielgepriesene metanoia – drehung um 180 grad – ist mir nicht geglückt und wird mir's nie.

entrümpelung: Du sprichst da auch von meiner wild -wüsten entrümpelung. es hat sich auch auf mein bet reiben hin vieles geändert, in kürzester zeit und zu me inen gunsten (auch zu gunsten der ganzen jungen ord ensgeneration). ich muß da zu einem gleichnis greifen , so sehr Du dem Dr. Eller auch die gleichnishaftigkeit ankreidest. dachböden sind immer voller altem zeug u nd es ist für kinder ziemlich ereignisreich dort herumz ustöbern, auch ältere kindsköpfe tuns nicht ungern. d a bläst man von den schweinslederschwarten die vers chiedensten staubschichten, kratzt an ölgemälden her um, einer gipsstatue schlägt man den kopf ab, großvat ers fotografien werden begrinst und großmutters krim is wandern ins feuer. kurzum, man entdeckt, sichtet u nd urteilt: ofen oder säuberung? und die wüsten gipsf iguren werden bei günstiger betrachtung und beleucht ung zu wertvollen dokumenten und die bilder werden neu gehängt und die fotos von anno sowieso sind ganz plötzlich wichtig. das ist alles spielerei. geben wir dem breviergebet einen neuen rahmen, den täglichen rose nkranz finden wir langweilig, weg damit, das tischgeb et muß auch nicht lateinisch sein, also was neues her, warum tragen wir eine braune kutte, das ist klassisch f ür den kapuziener, also bleibts.. und stell Dir vor, ich bin vom ordensobern irgendwie schon zum entrümple r bestellt; wie man da aussieht, auf und auf voller drec k; nirgends kann man sich mehr blicken lassen: den ju ngen ist noch immer das brevier zu lang, den alten tuts um den rosenkranz leid.

fahrt in andere klöster: leider bin ich nicht so freizüg ig, wie Du vielleicht meinst, zwar war ich inzwischen i n innsbruck, sterzing, brixen und innichen, aber mein e reiselust ist damit auf keinen fall befriedigt. sollte es mir gelingen nach meran oder bozen zu kommen, so werde ich Dir noch rechtzeitig schreiben. im übrigen b in ich jederzeit besuchbar.

zukunftspaar: das zukunftspaar innerhofer-moser w ar in der weihnachtszeit auf besuch. sie machten einen guten eindruck, wenn sie sich auch kaum verändert h aben. ander trinkt noch immer etwas über den durst (wie ich, nur trinke ich auch wein) und helene ist noch immer etwas bös beim mund herum (wie ich). leider h abe ich von mancher seite viel nachteiliges gehört, so daß es mir schwerfällt objektiv zu berichten: aber sie si nd beide wesentlich netter geworden. jedes kloster hat riesige ohren, so daß man die schaurigsten dinge aus d em ganzen land zu hören bekommt. diese spekulation auf gerüchte kann mir oft viel verleiden, da ist etwas s nicht in ordnung. helene und ander scheinen glückl ich zu sein und ich kann ihnen nur das beste wünsche n.

frau zwerger: was macht nur die frau zwerger mit dr ei buben, die erwehrt sich ja nicht mehr. vielleicht sind sie die quelle ihres humors. jedenfalls grüße sie schön von mir.

maridl: gerade heute hat mir maridl telefoniert, es w ar das erste mal, daß ich direkt von ihr etwas zu hören bekam. ich bin ganz erschrocken. olinda soll auch bald entbinden und maridl wird taufpatin. nervlich ist sie ja schon durch mich ganz heruntergekommen. jetzt aus der distanz sehe ich erst welch strapaziöser liebhaber ic h gewesen sein muß. natürlich haben die laaser reichl ich kapital daraus geschlagen, daß ich ins kloster bin. hertha ist krank und die frau s[...] liegt im spital mit ei nem kopfgroßen gewächs im unterleib.

sondermarken: wenn Du mir wiedereinmal schreibs t, so kleb bitte sondermarken auf, die sammeln wir für die mission. hast Du marken bei Dir zu hause herumli egen, so bin ich auch dankbar dafür.

unser studium: ich hätte für mein leben nie so was studiert, wie Du, aber es ist gut, daß es Dir paßt; allerdings kann ich mir Dich nicht als soziologen vorstellen. ich hätte Dich viel lieber als wald- und wiesendoktor gesehen, so zwischen blümlein, eichkätzchen, versteinerungen und raubtieren. sei mir nicht bös, aber wenn ich mir Dich ins gedächtnis rufe, was ja auch vorkommt, da muß ich immer an spitzwegfiguren denken. das macht Dich sehr sympathisch. kannst Du mir über Dein studium nähere einzelheiten berichten? ich habe eigentlich keinen blassen schimmer davon. überhaupt bin ich sehr interessiert an allem, was Du machst. rauchst Du noch? Ich rauche wie ein türk. gehst du oft kino und theater? ich sitze dafür vorm fernseher. bist Du viel beschäftigt? ich habe alle hände voll zu tun. bist Du gesund? ich bins bis auf die zähne. studierst Du viel? ich auch. ich bereite mich mit müh und not auf die matura vor. dabei fluche ich dem minister sullo das kreuz ab. hätte denn der stopsel nicht schon heuer die prüfung reformieren können, warum erst im nächsten jahr? aber sullo sieht zumindest die zeichen der zeit und tut was, minister gui war dagegen ein fauler stinker. ich aber bin am ersticken: ich kann kein buch mehr sehen, verdamme den gesamten griechisch-römisch-italienisch-deutschen kulturschinken, diese stinkphilosophen von diogenes bis bloch, diese superchemiker und physikidioten, diese trigonometrischen trottel, diese karstigen weisheitserscheinungen aus der wüste gobi brrr. aber was hilfts, man muß halt, wohl oder übel, gute miene zu böser matura; wenn doch alles canasta wäre, mir ist bald alles schnuppe, ich bekomme noch bei lebzeiten graue haare. übrigens trage ich noch immer einen schnauzer. kürzlich habe ich ihn mit tusche geschwärzt. solche dummheiten fallen einem ein zwischen der 22. und der 27. physikbuchseite. ich würde verrückt werden, wenn ich nicht, ja wenn ich nicht meine geliebte dichtung hätte. vor kurzem habe ich meinen vierten ly rikband abgeschlossen, macht runde 200 artefakte. da neben male ich ab und zu ein bild, von dem ich selber meistens nicht weiß, was es bedeuten soll. nun zum g uten schluß schreibe ich Dir noch ein gedicht hin, das ich am 31. jänner bei kopfweh verfaßt habe:

die kreisel in meinem schaedel
sind wieder angerollt noch
bluehen die straßenlampen
im morgen nach der nacht
des vollen mondes. die zeit
hab ich überschlafen und
mein lob ist traum mit
zorn. von den gipfelkreuzen
ueber die spiegelnden fenster

der hoeher gelegenen hoefe
klettert langsam das
schneeverbrennende
sonnenlicht in den tal
kessel noch bluehen die
lampen die kreisel in
meinem schaedel sind
angerollt.

aus einem simplen brief ist nun eine enzyklika gewor den, so grüßt Dich nun recht brüderlich

An Isolde Nothdurfter

alszeile 010670

liebe isolde

promptheit gegen promptheit
auch ich habe erst vor kurzem karl kraus entdeckt & z war durch die von qualtinger gesprochenen texte aus den letzten tagen der menschheit

ich muß sagen daß ich tief beeindruckt bin doch die neuausgaben von kraus sind hier in wien unmoeglich zu kriegen
literarisch hat sich seit ich vorige woche in innsbruck war wieder einiges getan der orf hat mir einige schon l aengst faellige texte abgenommen & am donnerstag 280570 in studio tirol gesendet
honorar 1.000 oesterreichische schillinge
am 230570 habe ich auf einer von innsbrucker studen ten im uptown jazzsaloon abgehaltenen marathonlesu ng neuestes aus dem wilden westen vorgetragen
honorar freibier & rueckfahrkarte nach wien
am 300570 habe ich im rittersaal von schloß forchtens tein bei neumarkt i.d. steiermark meine dusteren kla mpflaute aus der provinz & weltstadt gelesen – noch d azu vor europaeischem publikum
nach meiner kuenftigen dreimonatigen abwesenheit i n norwegen werde ich in linz vor dem oesterreich. fer nsehen lesen
gedrucktes außer verstreut auf zeitschriften ist in nae chster zeit nichts von mir zu erwarten
norwegen wird sehr anregend sein
norwegen wird sehr schoen sein
alles braucht zeit wie der wein der im lagern blumen b ildet
ich rede schon wieder von mir selber
meine mutter tut mir ueberhaupt nicht leid warum a uch ihr leben lang ausgenutzt von maennern arbeitge bern & ohne eine lire zu kriegen fuer zwanzig jahre vo n der firma moessmer ist sie nun dem alkohol verfalle n & bemitleidet sich selber in solchem maße daß mir oder meiner schwester kein mitleid mehr bleibt sonde rn nur der geschmack eines irrsinnigen hasses gegen di e gesellschaft im mund – wie der geschmack von mess ing oder kaltem eisen
was haben sie aus meiner mutter gemacht der die fasc

histischen prinzipien von ordnung & sauberkeit ueber alles standen
ein gebrochenes versoffenes schlampiges vergraemtes weib
manchmal wuerde ich schreien vor wut & alle bonzen erschießen
manchmal auch jene jungen flaschelfurzer erschießen di e mao schreien ohne meine mutter gesehen zu haben die soehne der geschaeftsleute der aerzte der industrie llen die sich vom taschengeld marx-texte kaufen & zu ostern sich mit gebuerstetem langhaar am vaeterliche n tisch versoehnlich vollfressen
auch ich fresse aus den naepfen der reichen
gut
Dir wird das scheißegal sein wie mir der ich das denke n an andere verlernt habe & vergnuegt durch die land e reise
es wundert mich nur daß ich Dir das schreibe
es muß eine verdrehte form von heimweh sein viellei cht? gluecklich bist Du aufgewachsen hast nie Deinen vater aus dem wirtshaus heimschleifen muessen hast nie den parkplatz der firma moessmer gejaetet & nie b eißende wollstruempfe getragen die mich weinend de n ganzen tag auf einen stuhl nagelten
ich beklage mich nicht
aber was hast Du schon gesehen außer ein paar beson ders gluecklichen tagen in der langen reihe schoener z eiten
es waere sehr schoen wenn Du noch vor dem 200670 nach wien kommen koenntest oder dann anfang oktob er wenn sie den ersten milchigen wein ausschenken
etwas sehr bedauerliches habe ich festgestellt das in br iefen nie so recht zum ausdruck kommt daß wir uns a lle entsetzlich weit voneinander entfernt haben
wenn ich so meine ehemaligen mitschueler treffe lan gt die gemuetlichkeit & das verstaendnis kaum fuer ei

n viertel wein wir koennten versuchen die regel durch eine kleine ausnahme nicht zu bestaetigen sondern zu durchloechern

herzlichen gruß

beiligend einige gedichte
aus dem zyklus
»klampflaute aus der dusteren provinz & weltstadt«

wien-alszeile 100670

liebe isolde

promptheit gegen promptheit
Du aber hast eine große untugend immer auf das einz
ugehen was man Dir schreibt & selber Dich zu verberg
en hinter antworten auf dinge die man dadurch daß m
an sie niedergeschrieben hat selber sich beantwortet
vielleicht verstehst Du das nicht ganz
aber in dieser form ist alles verblasen & bleibt monolog
semperit 384
multivalor 305
selecta 796
concentra 196
ich hoere mir gerade die wirtschaftsnachrichten an &
da ich hinten & vorn nichts davon verstehe moechte ic
h zumindest Dir diese vier daten aus dem aktienmarkt
nicht entgehen lassen
wenn Du aber eine aktie zeichnest
wenn Du aber eine aktie zeichnes
wenn Du aber eine aktie zeichne
wenn Du aber eine aktie zeichn
wenn Du aber eine aktie zeich
wenn Du aber eine aktie zeic
wenn Du aber eine aktie zei
wenn Du aber eine aktie ze
wenn Du aber eine aktie z
zeichnest

so schreibt zur zeit die wiener schule um ernst jandl &
damit waeren wir in eine literarische diskussion gerat
en die ich hiermit eroeffne
zu Deiner information: solche texte koennen bis zur u
eberspitzten perfektion ausgebaut und gelesen werden,
solche texte fußen auf den untersuchungen wittgenst
eins solche texte sind aktuell und tun keinem weh aus
solchen texten ist handke hervorgegangen & teilweise
auch thomas bernhard
sprache in reinkultur dada zu ernst genommen dada
als etwas ernstes genommen verzicht auf gegenstand
thema handlung etc. beschneidung von silben worten
& buchstaben
das kastrierte wort ist trumpf wort ohne glied hermap
hroditisches wort ohne fruchtbarkeit faszinierend wie
etwas aus der art grasendes
ich aber sage daß das alles in kurzer zeit vergessen sei
n wird trotz seiner kargen monumentalität seiner um
waelzenden funktion im sprachempfinden solche text
e erzwingen praktisch die wiedergeburt des barocken
& wieder werden waelzer geschrieben werden epen vi
elleicht mit sprachfuellseln wie wasserkoepfe schwer z
eichen dazu sind schon gesetzt: thomas mann, musil, j
ames joyce
und wenn auch jemand sagt mit dem ulysses waere je
der kuenftige roman unmoeglich geworden so ist dem
entgegenzuhalten daß sich unser horizont massenme
dial bedingt dermaßen erweitert + verengt daß wir nic
ht mehr anders koennen als durch fuelle sich stellen
leicht wird es sein wenn sich die literatur dann durch
die suempfe waelzt wie eine fette sau mit 180 zitzen d
urch die suempfe des barocken der verlorengegangene
n wollust die es wiederzuentdecken gilt
und ich zweifle nicht daß die literatur erotischer wird
& spannend wie es vor zwanzig jahren ein ehebruech
elchen war und ich zweifle nicht daß die bis zur ekelh

aftigkeit entbloeßten woerter & geschlechtsteile wiede
r mit reich drapierten schleiern bedeckt werden
nur die form in der das geschieht ist mir unklar
ueberhaupt nach der sprachlichen ernuechterung und
bewußtwerdung die jene leute auf dem gewissen habe
n die ich nicht muffen kann & die mich in ihrer sprach
gewandtheit amuesieren
durch wittgenstein haben wir alle kniffe gelernt aber d
as reden und erzaehlen verlernt
die sprache ist unser wie eine geroellwueste die keiner
haben will
und bring Du einen steinhaufen zum bluehen
und wenn er blueht sind die blumen exotisch schwue
l hinfällig und mit hausgroßen haschduftenden kelche
n versehen
im augenblick aber wird die literatur von journalisten
werbetextern und papstenzykliken bestritten

indizien für ein barockrinascimento:

kargheit	dekadenz	vielwissen
müdigkeit	unbeholfenheit	entdeckung des naiven
technisierung	sexualisierung	aufklaererei
immensitas mundi	immensitas hominis	transplantatio cordis
	speculatio absurda	angst

alles deutet daraufhin daß die gegenwärtige situation
ins genaue gegenteil umschlagen wird & das ist barock
barock schlechthin

leseempfehlung fuer heute abend

thomas bernhard amras edition suhrkamp

mit besten grüßen

ps. bis zum 250670 bin ich in wien

An Klaus Gasperi

bern an der etsch 041175

lieber klaus

ach ich bin in ein richtiggehendes narrenhaus geraten das zwar einen guten ruf hat & weder zwangsjacken n och angebundne tobsuechtige kennt.. ein narrenhaus fuer harmlose. bestimmt harmlos sind wir alle aber we lch tolle kombinationen an spinnereien es hier gibt die ses kunterbunt an krausi- & kuriositaeten ist zum lach en & gar einige haben zum alten tick sich noch vom rel igioesen infizieren lassen denn das haus wird von klos terfrauen gefuehrt. da sitz ich am abend mit dem mer aner carabinieri beim scalaquaranta: ihm ist die ehe da nebengegangen er hat darueber den kopf verloren ist hierher gekommen macht der schwester angela den h of schreitet zur taeglichen messe flucht betet & nimmt die kommunion alles in einem daneben malt er auf st yropor zum himmel schreiende madonnen daß sogar dem horribilikribrifax davor graust. da ist der ehrenwe rte kaufmann aus pinzolo der von der entdeckung des feuers bis zur erfindung der musik alles auf sein pinzol o zurueckfuehrt.. ein alter behaebiger mann. pinzolo ueber alles ein kaff im trentino. oder gennaro aus pesc ara mit dem »hausgangwandertick« der große zigrette nfechter & mich maltraktiert seit ich ihm keine zigrette mehr gebe & er sich einbildet ich haette ihm naechten s 10.000 lire geflachst. die tollste hausnummer ist fran co er verschreckt die nonnen indem er das hosentuerl aufreißt & seinen spritzer schwenkt. er stotzverliebt in eine verrueckte haeßlichkeit vom oberstock & obwohl bei uns strengste geschlechtertrennung herrscht findet er immer einen schluf mit ihr zu sein & seis in der kirc he selber wo er vor lauter sinnlichkeit laut furzt & gru nzt.. & dabei ist diese liebschaft keusch & rein wie kei ne. dieses haus ist eine treffliche sammlung von typen

mich nicht ausgenommen. [...]. am meisten oder am ehesten leid koennen mir die deprimierten tun. die ha ben panische angst vom »draußen«.
lassen wir das. verona ist eine bigotte stadt & unsymp athisch. wir sind weit außer den mauern & spueren n ichts davon & unschaetzbar ist die ruhe. am samstag i st siegfried von der hochzeitsreise zurueckgekommen & hat mich besucht. ich hab fuer eine stunde den per messo gekriegt & wir sind in die stadt zeitungen hole n & weintrinken (ein glas weißen nur um den colages chmack zu vertreiben & mir in erinnerung zu rufen wie er schmeckt). siegfried war sehr zufrieden mich wohlauf zu sehen. er hat mich in tausendmal schlech terer verfassung geglaubt. ich habe auch keine szene n gemacht mit heimweh schule flaas haymo & so. ich haette auch keinen grund gehabt. truebsinnig bin ich nicht geworden warum sollte ich dann nicht mein »a usgeglichenes gemuet« zeigen. es geht mir gut da in di eser mischung aus kloster kerker & kaserne. langweil en ist nicht meine sache. diese zwei monate werden a uszuhalten sein unvernuenftige vorzeitige flucht ist ni cht in sicht. ein viertel der zeit hab ich schon abgesess en & das christkind kommt bald.

herzlich
norbert

bad berka 060677

lieber klaus

da Ihr ja nach berlin & bad berka kommen wollt hier ei n paar nuetzliche hinweise:
1. reist bis kurz vor die grenze & ueberschreitet sie am fruehen morgen: Ihr erspart Euch damit eine komplizi erte polizeiliche anmeldung.
2. legt Eure route genau fest. z.B.: eine uebernachtun

g im hotel elephant zu weimar besuch in bad berka weiterfahrt nach berlin dort drei uebernachtungen ... auch zweck & grund der reise muß genau angegeben werden. pro tag & person sind 20 DM zu verbrauchen (wechsel 1:1 an den grenzuebergaengen. bestaetigung nicht verlieren. rechnungen u. U. aufbewahren). anmeldung z. B. in weimar bei der verkehrspolizei-kreisamt zimmer 108.

3. deckt Euch ordentlich mit DM ein aber schwarzwechseln ist nicht ratsam. nie mit DM bezahlen außer in interhotels oder intershops (dort werden auch lire angenommen.) ansonsten kann die verwendung von westgeld strafbar sein.

4. gewerkschaftsausweis & parteiausweis in den paß einlegen, geld aber weit davon entfernt halten (ich hatte schwierigkeiten).

5. nehmt Euch genug zigretten mit denn die einzig rauchbaren »Duett« kosten 6 M.

6. Euer geld braucht Ihr nicht genau angeben: je mehr Ihr verbraucht um so lieber ist es den genossen. etwas irgendwo in reserve halten schadet nie.

7. kleiner kanister fuer benzin kann nicht schaden denn superbenzin (uebrigens ist es schwaecher) gibt es nur in groeßeren staedten. erkundige Dich beim ACI ob es fuer uns italiener benzingutscheine gibt, 1 l kostet sonst etwa 1,70 M.

8. imbisse & essen sind relativ preiswert auch das bier alles uebrige ist in den gaststaetten teurer. die bedienung ist schlecht.

9. geduld & wohlverhalten gegenueber der polizei ist sehr ratsam. der grenzuebertritt duerfte etwa 1 stunde in anspruch nehmen. vorsicht bei unbeschrankten bahnuebergaengen: schrittempo anhalten & dann drueber: die strafen sind gesalzen.

10. nuetzliche telefonnummern:
FDGB-Erfurt 538368

Sanatorium Bad Berka 251 (Vorwahl weiß ich leider n
icht)
ich haette gebraucht:
3 zehnerstangen MS
3 schaechtelchen loeslichen faemino-kaffee in briefch
en
2 flaschen neustifter sylvaner (fuehrt der stadtmetzger)
der tanten ihren kleinen taschenradio mit frischen bat
terien & ein paar schneuztuecher
(*etwas* geld) – dolomiten & alto adige nummern (etwas
verstecken!)
aldo foldi will unbedingt gegen bare bezahlung einige kitschige suedtiroler holztellerchen mit fotografien wa ppen von bozen etc. – so zum an die wand haengen. & einige von den bunten landtagsheften in deutsch (wae ren kiloweis bei der SH zu haben). er braucht das zeug zum verschenken.

Anhang:
es geht mir gut & doch wieder nicht. meine fueße sind bedrohlich geschwollen. ich werde wegen einer sprun gbeinverformung zum orthopaeden muessen. es hat s ogar ein bißchen nach gicht gerochen. trotzdem habe i ch humor & appetit. am pfingstmontag habe ich zum e rstenmal im leben die brieftasche verloren: 150 DM un d 40 M beim teufel. naechsten tag lag sie ohne geld ab er mit unverletzten ausweisen im postkasten des blum enladens. wir rumpeln viel in der gegend herum & ko mmen dreimal in der woche nach weimar (12 km). [...]. fuer uns liegt ein ganzer karton marx. schrifttum s bereit. grundstock fuer den paßlerischen buecherkast en. freu Dich drauf.

herzlich
norbert c.

An Markus Vallazza

verona 191175
hl. elisabeth

lieber markus

gestern hat mich in diesem vergitterten bau die erste k
rise erwischt.. ich war betruebt bis in den tod vielleich
t weil ich wetterfuehlig bin & der beruhigenden schne
eflaechen meines landes gedachte (ich gebe ehrlich zu
daß mich heimweh beschleicht) vielleicht auch weil in
meinen letzten traeumen mein hund vorgekommen is
t den ich zuruecklassen mußte.. ich war einfach nicht
zu haben & selbst Dein brief hat nichts daran aendern
koennen.

heute da es mir wieder besser geht & mein seelchen in
diesem narrenhaus da wieder ins lot gekommen ist wil
l ich sofort meiner pflicht nachkommen & Dir antwort
erstatten. neuigkeiten finden in spitaelern nicht statt.
die tage unterscheiden sich nur in wetter & speisen. u
m acht uhr werden wir geweckt. eine schuessel kuech
enkaffee mit brot & zwei leberpillen. eine spritze fuer
den aufbau lektuere bis zwoelf. welsches mittagessen (
immer fleisch & immer fleisch) & zwei leberpillen. ruh
estunden bis 15 uhr. freie betaetigung bis 18 uhr 30. ab
endessen mit zwei leberpillen dann wieder frei bis 22
uhr 30.. etwas kartenspielen nachrichten im fernsehe
n. von den aerzten klosterfrauen & waertern wird ma
n nicht gequaelt. unter langeweile leide ich keinesweg
s. die zimmer sind elendiglich hoch aber angenehm. fu
ßbodenheizung. radio schreibmaschine etc. natuerlich
erlaubt. ich lese schrecklich viel & schreibe auch einig
es. freihaendig uebersetzte ich eine pirandello-novelle.
ich habe zu tun & kann Dir keine zeit abtreten schenk
en oder verkaufen. kurz vor weihnachten gehen die gi
tter fuer mich auf. physisch sind fortschritte zu verzeic
hnen ich komme zu kraeften habe wieder appetit & a

n wein werden keine großen gedanken verschwendet. das soll nicht bedeuten daß ich als antialkoholiker hier herauskomme oder gar als fanatischer engel. ich werd e meine viertelen mit bedacht zu nehmen wissen. rae usche werden nicht mehr geliefert: die buße dieses jah res hat mir gereicht. psychisch bin ich den aerzten ein undankbares objekt. tut mir leid aber meinem kopf fe hlt einfach nichts. dr. pinzello – das psychotherapeutch en – stochert in meinem lebenslauf herum um *die* wun de zu finden der ich mein saufen verdanke. da friß! Du trottel siehst Du denn nicht daß alles an mir wunde ist oder alles gaudium oder alles »tanz«. wenn Du mich fr agen wuerdest warum ich denn schreibe so koennt ich Dir genausowenig antwort geben.. am liebsten wuer de ich Dir eine patzen. daß ich Dir keine einzige minut e meines lebens auch nur leihweise abtreten wuerde b egreifst Du nicht. ich bereue nichts keine lira keinen tr opfen wein keinen haß keine traene keine liebschaft k eine sexuellen ausfluege keinen schiß. zum x-tenmal gehen wir ergebnislos auseinander.
der abgang aus meinem geliebten flaas war eine aeuße rst schmerzhafte prozedur. da glaubte ich wuerzelchen geschlagen zu haben & nun wurde das bluemlein ausg ezupft. auch das ist nun vorbei: schon in den ersten tag en hier in dieser affensteige legte sich leichter sand ue ber das dorf & seine gesichter bis daraus duenen wurd en & sich nur noch die spuren von hias dem mesner ab zeichneten (den habe ich geliebt.. vielleicht zu wirkl ich geliebt) oder die pfoten meines hundes den nun er hat. ich habe den halben oktober viel geweint & getru nken. es ist an der zeit daß dieses leben in etappen sein ende nimmt. ich bin der abschiede satt.
literarisch habe ich viel zu tun. hier habe ich ein stuec k fuer einen wettbewerb zu schreiben (1. preis: 25.000 öS) das nimmt mich einen monat in anspruch zumal ic h es eigentlich das erstemal betreibe. der stoff liegt vor

& auch das konzept. ich fuehl mich etwas unsicher ab er ich wags. anfang 76 soll ich 60 minuten lang suedti rol vorstellen in einem film fuer den ARD oder ZDF so genau weiß ich das noch nicht.. suedtirol literarisch & kulturell zeigen kritisch den kulturbetrieb & die daz ugehoerige dreckspolitik beleuchten ablichten lassen e tc. ich laß mich ueberraschen & werde ueberraschen. dazu kommt noch der marterweg zur lehrermatura di e ich 76 unbedingt ablegen will um endlich nicht mehr von schulamtsleiters gnaden abzuhaengen. zeug genu g ein jahr zu fuellen.

Dein

An Christian Alton

bad berka 230577

dieses bad verdankt seine entdeckung dem naturwisse nschaftler goethe. angenehm zu wissen wenn man in der heilenden wanne liegt. wenn Du mir schreibst auf suedtiroler nachrichten bin ich erpicht – wirst Du meu r viel mehr erfragen. 6 wochen soll ich bleiben bis ich ihnen gut genug bin.

n.c.

An Rosemarie Judisch

ilm-caffe oder der große Berkaer abschied

(vorbemerkung: schriftbild etwas irritiert original nur bei Dir kopie gibt's keine – abgestoßnes ding.)

in berlin bist Du vielleicht hier bricht sich noch zum trotz ein strahl oestlicher sonne in mein honiggelbes bier – Du hast das »ich« vermißt – ich finde daß im westen sie eintaucht ins meer sich zu kuehlen & mit der ersten amsel frisch zu sein. ophelia die aermste deren gifthaar sich mit den gruenen algen der ilm verwebt muß noch truebes schlucken – hast denn Du (-frage!) jemals den bach rein geseh'n vorteil des alten kurgastes. die faeden sind abgeschnitten. der entlingarzt bewundert mein gezieltes saufen. es ist nur neid. die leiden uebernimmt er nicht wonne nicht der keusche. sie fragen mich warum ich wegwill ... hundefaenger. ich kann meine tanten nicht verderben lassen sogar meine berge trueben sich ein – so mein ich's & bild's mir ein. anwesenheit wird nicht gelitten. abwesenheit genauso. liebes kann ich nichts sagen zu betrunken bin ich – & wenn Du jetzt meine ewig unverriegelte tuer aufmachen wirst – kein wunder mach ich draus – & Du stehst im rahmen im tuerstock. vergeßlichkeit ist eine zier eine henne schuettelt das nasse aus den federn (die kulissen) – sei Du mir floh & ja kein tropfen

weiter komme ich nicht
die kurgaeste
besaufen sich
& sind auf die zeilen
  wunderlich
  laß mich sinken

norbert

270677

bruneck 281277

ich bin so sterbensmued. was soll das alles, die beiden berliner bierdeckel sollen doch von zwei leuten eingeweiht werden. woher sie nehmen auch wenn ich gespalten bin. meine nase weint mein auge traent & fieber faehrt mir uebern buckel. mir ist immer kalt. in der nacht hat es watte geschneit (»geschnieben« sagt man zu bruneck). mir mundet nichts es ist ein elend. kinder brauch ich um mich & ein dorf & den dampf geschlacht eter schweine & den duft von sauerkraut denn mir wir d uebel wenn ich auf die straße geh & mich ein merced es niederfaehrt. ruhe moecht ich unter einer weißen d ecke die sanft auf mir lastet & die traeume sollen mir zu r zeit alles sein. ein glueck ist nur daß wenn Du diese ze ilen zu lesen kriegst schon wieder alles anders ist. daß Du Dir sagen kannst er hat die tiefe geschafft .. jetzt ist er wieder heiter & schreibt lang nicht mehr. ein jamme r ists & nichts weiter. das neue jahr kommt mit gleiche n plagen und freuden auf uns zu. mein geldbeutel wird ewig schwindsuechtig sein meine seele einmal kleinm uetig einmal groß- & wieder wankelhaft.

norbert

bruneck 250178

liebe rosmarie

kein ende will das elend nehmen das ich da nach berl in zu schicken habe. uebern harten winter hab ich mir ein geheiztes zimmer gemietet & jetzt schmeißt mich d ie hausfrau hinaus weil ich nicht gesund war & zweim al ein nasses bett hatte .. & noch liegt immer schnee & saftig kalt kann es auch noch werden & mir blueht dan n wieder ein krankenhaus. ein jammer ist es wohl. wie der faellt die katze vom dach aber sie wird wie ueblich auf alle viere unbeschadet fallen.
den GARIBALDI lege ich zum scherze bei damit Du en dlich einmal weißt wie so ein nationalheld auszusehe n hat. uebrigens war er rothaarig noch dazu.
manchmal – schließlich ist faschingszeit – ginge ich ger n auf einen ball oder sowas aber die energie ist noch z u gering & so kriech ich halt mit einem buch ins liebe bett. politisch regt sich im staedtchen auch nicht viel. s ogar die faden wochensitzungen finden nicht mehr sta

tt. aber dafuer tut sich in rom allerhand denn das liebe italien hat wiedereinmal keine regierung.
sei getrost ich schweig schon stille mit meinen klagen & bis Du diese Zeilen liest ist alles anders wie gesagt: h eute aber weine ich in ein kissen & denke mir es waer e Deine brust

verzeih!
norbert c.

brixen 290178

endet denn der winter nie? schneuztuecher brauch ic h drei große am tag & frieren tu ich immer. es ist ein el end denn ich bin ab uebermorgen abdachlos.

norbert

bruneck 280678

liebe rosmarie

um ist dieses jahr & meine augen blicken zurueck auf das schmerzliche bad berka. die ilm die goethens nackt e fueß gewaschen hat & noch mehr von ihm wird weit er ekelhafte schwaene auf sich schaukeln lassen. im ve rrotteten kaffeehaus gleich hinter der kleinen bruecke sitzen bestimmt die kranken beim wein. was so ein jah r beinhaltet? veraenderungen elend sorge neugeboren e geglueckte gedichte & lesungen ewige geldnot (aber das schon seit jahrzehnten). neue liebschaften keine hoechstens aufgewaermte & die schmecken auch dana ach. oede in diesem verdammten fahrschulbuero wo i ch dem telefon wachhund spiele. oede ebenso unter d en freunden & genossen nur die kinder wachsen hera n: jiri jan & pamela gedeihen. muß man denn immerz u aelter werden? mit den tanten der dicken wie der d

uennen stehe ich mich gar nicht gut .. was wunder bei
diesen verschiedenen welten die da unter gleichem da
ch hausen sollen. aber sei unbesorgt: toleranz renkt all
es wieder ein. selbstverschuldete spuren von krankheit
quälen mich manchmal doch es ist nicht arg. auf & nie
der geht meine stimmung. immer unglaeubiger werde
ich fast scho n scheu. ich
muß mir ein en vogel od
der einen hu nd anschaff
en um nich t allein zu se
in. hier in br uneck sterbe
n die interes santen leute
wie die flieg en dahin &
unsre jahrga enge stehen
jetzt in vord erster front.
wir sind ueb erhaupt eine
recht eingeklemmte generation. rueckwaerts geht es n
immer & vor dem vorwaerts graut uns. ich esse gerne
kirschen. auch rhabarber. es waer an der zeit. der som
mer will & will nicht werden. Deine briefe & botschaft
en sind lichtblicke vielleicht sonnenstrahlen. es gelingt
mir nicht dankbar zu sein. ich waere es gern. davon tra
eume ich naechtens. laß mich fallen. loesche mich. lo
esch aus Dein licht & schlafe. zu vieles ist noch zu tun
aber es ist unser los alles unvollendet lassen zu muess
en. & das ist besser so denn gelebt muß sein. oder nich
t. auf der ilm verdreckte schwaene (was ich diese galg
envoegel hasse!) zu weimar ein friedhof & buchenwal
d & historisches pflaster. heimweh hab ich nach Dir &
jener pfuetze im kurpark wo ich Dir die ersten meiner
silben schenken konnte.
vor gefuehl tropft das blatt .. die erde hat mich wiede
r.

verzeih zum jahrestag

Dein

bruneck 280678 15 uhr

diese zeilen sind genau geschrieben wie das gehoeft m einer seligen großmutter in flammen aufgeht noch da zu ist es das haus meines leiblichen vaters dessen elter n in den wirtschaftswirren der zwischenkriegszeit das gut erschlichen haben. seis drum. alles nimmt bittre e nden & ich habe jene zeiten ja gar nicht erlebt. verlore ngegangen ist in unsrer familie schon mehr so der hof meines großvaters zu reischach den ihm der eigene lei bhaftige bruder abgeluchst hat und der schließlich in d en gierigen haenden eines hoteliers bis auf den granit enen gotischen torbogen mit der spitzhacke sein mode rnes ende fand. doch wird Dich das alles wenig berueh ren – mich uebrigens auch nicht sonderlich – aber was bei uns so alles zerstoert & dem monstrum fremdenver kehr zum opfer faellt von diesen groeßenordnungen k annst Du in alptraeumen nicht traeumen. immer & im mer wieder stelle ich mir die frage was denn einen ddr buerger unter lebensgefahr dazu veranlaßt in diesen b eschissenen goldenen westen zu wollen. dissidenten k ann ich sowieso nicht leiden aber ich bin tiroler dissid ent geworden & bleibe mit mut zorn & ekel meinem ta l treu. ich weiß nicht ob Du mich richtig verstehst es macht auch nichts aus wenn es Deinem hirn nicht ein geht & ein lokalaugenschein ist Dir irgendwie zum glu eck verwehrt. das ist nicht die klage des zukurzgekom menen dazu liebe ich mein land viel zu sehr … ist es dann die klage des liebenden?

es ist kalt. wind haust im roggen. am hang wo es brenn t wird wenig wasser sein. das vieh ist gerettet. es ist kal t sehr kalt auch in mir. unsre hoefe stehen einzeln. klei nfuersten auf kuhmist.

heute habe ich wiedereinmal gekocht. den tanten hats geschmeckt. gegrillte schweinswuerste leberkaes & kot eletts. wie ueblich wenn man mich an den herd laeßt war ich verschwenderisch. sie haben alles aufgegessen auch die drei bunten salate. ich koche gern & bin sehr zufrieden heute mit mir. im buero da ist wieder nichts los nichteinmal das telefon ruehrt sich. im radio ist kei ne genießbare musik. demnaechst ginge ich gern schw immen ehe der sommer um ist aber heuer hat der frue hling noch nicht angefangen. ich bin auch schrecklich duerr & wage mich nicht so recht halbnackt unter die leute. ein vergnuegen ist mir donnerstags das kartens piel. wir haben da eine viererrunde gesetzterer herren. ich bin der aelteste. lache nicht: man wird bieder. an d en straßenecken betteln die zigeunerinnen. die fremd en werden in bussen angekarrt mit torte abgespeist & duerfen schlangestehend schnell aufs haeuschen: so se hen die dann suedtirol. welch ein glueck daß ich mit o ffenen augen bei Euch sein durfte. welch ein glueck w aer ich bei Dir (dichter wuerden sagen: das wasser ist v iel zu tief) .. ich sage mein geldbeutel hat ein loch.

herzlich

bruneck 180778

liebe rosmarie

meine leber wird immer groe ßer mein geldbeutel immer du enner ich saufe zuviel aber end lich ist der sommer ausgebrochen den ich mit vollen zuegen genieße wie wein. die arbeit ist mir ziemlich zuwider wenn man alle ferien halten sieht. zum schreiben hab ich auch weni g lust & manchmal quaele ich mich we nn wieder eine glosse zu verfassen ist. trot zdem bin ich rundherum recht zufrieden & freue mich auf den vollmond. meine nichte hat zaehne & schreit wenn sie mich sieht dafue r quietscht sie vor freude wenn ich telefoniere & ins telefon pfeife. klaus war mit seinen beiden gaunern a m meer. jan & jiři sind richtige teufel geworden: gar ke inen respekt vor dem alter mehr. so ist unsre jugend. d as will nicht bedeuten daß ich beim vergreisen bin. im gegenteil ich fange wieder an auf den dorffesten zu tan zen: alter schuetzt vor torheit nicht. in der literatur ist flaute aber es wird schon wieder stuermisch werden .. ein bißchen liebe koennte mir dazu nicht schaden. ab er ist ja wurscht. schwimmen ging ich so gern aber kau m ist das wetter halbwegs dazu geneigt geht's mir nich t aus & ist das wetter miserabel dann haett' ich frei. Dei ne buecher sind allesamt eingetroffen & vorerst kann Dein schmalhans nur dafuer danken. & gleichzeitig u m ein weiteres buch bitten: das philosophielehrbuch war nicht so ganz das richtige (verstehe das bitte bitte nicht als vorwurf) aber bei uns an den oberschulen wird ganz anders gelehrt naemlich nicht theorie sond ern einfach die geschichte der philosophie von den anf aengen bis zur jetztzeit etwa von thales von milet sok rates chronologisch bis zu bloch & adorno & sartre. we nn Du so etwas auftreiben koenntest waere uns sehr s ehr recht. (wenn er nur immer etwas zu meckern hat wirst Du Dir denken oder der schreibt auch nur wenn er etwas braucht oder wenn es ihm dreckig geht). ich bin ein sehr fehlerhafter mensch von untugenden gar nicht zu reden. politisch bin ich auch recht faul gewor den natuerlich noch immer bei den gleichen einstellu ngen geblieben aber die schlummern so dahin aber d em einst so feurigen klaus geht's auch nicht besser & d as ist troestlich & traurig zugleich. man hat hierzuland e einen schweren stand zumal das bundesdeutsch-bay rische monster franz josef strauß seinen stockrabensch warzen schatten ueber die grenze wirft. da kann oft nu r ein ordentlicher tiroler wein & ein gutes italienisches nachtmahl drueber hinweghelfen. die beschimpfunge n die ich mir meiner haltung wegen oft anhoeren muß passen in keinen brief. roter bock ist noch gelinde. zu m glueck bin ich körperlich auf der zartgebauten seite so kommt es nie zu handgreiflichkeiten. zum glueck si nd meine tanten & meine schwester von großherziger politischer toleranz. zum glueck bin nur ich mir selber ein unglueck. warum aber der italienische staat noch nie floeten gegangen ist ist mir seit 10 jahren ein raets el. lassen wir das. die seite wird gar. langsam & bedaec htig werde ich das buero sperren gut essen gehen viell eicht einen fisch vielleicht danach kartenspielen wein trinken mir vom mond heimleuchten lassen sanft schl afen & von jemandem zu traeumen versuchen der ros marie heißt.

dein
norbert conrad

Lebensdaten

1947
Am 19. April wird Norbert Kaser in Brixen/Südtirol (Italien) in der Klinik der Grauen Schwestern unehelich geboren; die Mutter ist Hausfrau, sein Stiefvater Franz Kaser Pförtner. Der leibliche Vater stirbt 1957. Norbert Kaser kommt zu Pflegeeltern nach Kastelruth.

1950–1953
Rückkehr in die elterliche Wohnung nach Bruneck. 1953 Eintritt in die Volksschule; Nierenerkrankung.

1961
Klassisches Gymnasium Bruneck; Arbeit in einem Brunecker Geschirrladen und Ferienarbeit in Mittelitalien.

1965
Reise nach Florenz. Er führt den zweiten Vornamen Conrad.

1966–1967
Reisen nach Wien und Florenz. 1966 und 1967 Abitur nicht bestanden. Vom Militärdienst wegen Schmalbrüstigkeit befreit.

1967/68
Hilfslehrer für Deutsch und Geschichte. Erste Gedichte und kleine Sammlungen, die er seinen Freunden widmet. Erste Veröffentlichung in der linken Kulturzeitschrift »die brücke«.

1968
Im September Eintritt in das Kapuzinerkloster in Bruneck als Frater Christoph Kaser a Brunopoli. Gedichtsammlungen entstehen, u.a. »orationen mit lyrik«.

1969
Im Januar erste öffentliche Lesung in Innsbruck. Am Karsamstag (5. April) Austritt aus dem Kloster. Weitere Samm-

lungen abgeschlossen, u.a. »miniaturen & hymnen«. Abitur bestanden. Idee, nach Australien auszuwandern.
Beginn eines Kunstgeschichtsstudiums in Wien; Kaser wohnt in einer Laube außerhalb der Stadt. Die titellose Gedichtsammlung (»fanciulla romana«) entsteht. Kaser erhält ein Stipendium des Südtiroler Kulturinstituts.

1970
Sammlung »klampflaute aus der dusteren provinz & weltstadt« entsteht. Von Juli bis September Reise nach Norwegen. Gemeindearbeiter auf der Insel Stord bei Bergen. Briefe in Tagebuchform an seinen Freund Christian Alton in Wien.
Gedichtveröffentlichungen in verschiedenen Tiroler Kulturzeitschriften. Im Dezember gibt Gerhard Mumelter eine Anthologie »neue literatur aus südtirol« heraus, darin 26 Gedichte von Kaser (einzige umfangreichere Publikation Kasers zu Lebzeiten).

1971
Abbruch des Studiums. Lehrervertretungen an verschiedenen Südtiroler Schulen. Übersetzungen des italienischen Dichters Nino Floramo. Texte in »das fenster« (Innsbruck) und »skolast« (Bozen; Zeitschrift der Südtiroler Hochschülerschaft). Reise nach Tunesien. Nebenrolle im Film »Das Narrenschiff« von Ivo Micheli. Tod der Mutter.

1972
Hilfslehrer bei Meran. Reisen nach Barcelona und Venedig. Arbeitslos.

1973
Dreimonatige Anstellung als Lehrer für deutsche Literatur an einem Privatlyzeum in Cortina d'Ampezzo. Bewerbung um ein Arbeitsstipendium beim Wiener Kulturministerium. Mauteinheber an der Brennerautobahn. Beginn umfangreicher Korrespondenz.

1974
Hilfslehrer in Flaas. Kindergeschichten entstehen. Arbeit an »stadtstiche« (veröffentlicht 1975 und 1977 im »skolast«). Aufenthalt in einer Entzugsklinik.

1975
Krankenhausaufenthalt in Bozen wegen Lebererkrankung. Im Oktober Entlassung in Flaas. Bis Jahresende in einer psychiatrischen Klinik in Verona wegen Depressionen.

1976
Eintritt in den PCI (Kommunistische Partei Italiens). Austritt aus der katholischen Kirche. Hilfslehrer an verschiedenen Stellen im Pustertal. Österreichisches Staatsstipendium für Literatur. Reisen nach Triest und Wien. Krankenhausaufenthalt in Bozen.

1977
Krankenhausaufenthalt in Innichen. Reise nach Venedig. Gründung eines PCI-nahen Kulturkreises in Bruneck. Mai bis Juni von der Gewerkschaft vermittelter Kuraufenthalt in Bad Berka/DDR. Besuche in Weimar. Dann arbeitslos.
Ab Oktober regelmäßige Zeitungsartikel und Glossen im deutschen Teil der Südtiroler Zeitung »Alto Adige«.

1978
Lesungen in Lienz und Wien (Alte Schmiede). Teilnahme am »Dritten Innsbrucker Wochenendgespräch« mit Hugo Dittberner und Nicolas Born. Kaser leidet an Leberzirrhose. Tod am 21. August 1978 in Bruneck durch ein Lungenödem.

1979
erscheint mit »eingeklemmt« bei der Edition Galerie Bloch in Innsbruck ein erster Sammelband mit Texten Kasers. 1981 Briefe »kalt in mir« Hannibal-Verlag, Wien; 1983 »jetzt muesste der kirschbaum bluehen«, Poesie und Prosa, herausgegeben von Hans Haider im Diogenes Verlag Zürich. 1988 erscheint der erste Band der Gesamtausgabe im Haymon Verlag Innsbruck.

Anmerkungen

erstkommunion…
glasspecker (mdal.): Glasmurmel.

glurns
vinschger: Einwohner des Vinschgau.

bozen
athesiakonzern: Südtirols größter Verlag.
laubenkoenige: Geschäftsleute in Bozens Laubengasse.
rai: Radio Audizioni Italiane.
walther: der angeblich aus Südtirol stammende Minnesänger Walther von der Vogelweide.

sterzing
wundrig: neugierig (mdal.).
gaismairspuren: Michael Gaismair (1490–1532) Bauernführer.

klausen
den spanier behielten die patres: Die spanische Königin Maria Anna vermachte 1698 dem Kapuzinerkloster einen Schatz in Erinnerung an ihren aus Klausen stammenden Beichtvater.
auf einem steine saß ein mann: Albrecht Dürer zeichnete auf seiner Italienreise 1494 Klausen.
gsieser sippe: Gsieser Tal bei Klausen.

bruneck
wiere (mdal.): Wasserableitung aus einem Staudamm.
wastel (mdal.): Sebastian.
specker (mdal.): vgl. »erstkommunion«.
angefadet (mdal.): gelangweilt.

innsbruck
gefladert (mdal.): gestohlen.
suedtiroler guerillero: Andreas Hofer, Anführer des Tiroler Aufstandes von 1809, liegt in Innsbruck begraben.
philippine: Philippine Welser (1527–1580) Gemahlin Erz-

herzog Ferdinands II; Helferin der Schwachen und Kranken.
rupfener (mdal.): Halstuch.

die koechin eines pfarrers
(nach einer Südtiroler Sage)
zirm: Zirbelkiefer.

vom koenig augias
heireka: heureka (griech.), »ich hab' es gefunden!«.

die gans
tuifelemaler (mdal.): Maler von Heiligenbildern.
tegel (mdal.): Tiegel.

fruehling der terraferma
Terraferma ist das Hinterland von Venedig.

auf torcello & burano
Torcello und Burano sind Inseln in der Lagune von Venedig.
zeremoniell der apsiden...: Mosaiken in der Santa Maria Assunta auf Torcello.

sachsenklemme
Die Sachsenklemme ist eine Schlucht im Eisacktal.

ich krieg ein kind
Traminer ist eine Traubensorte.

die laerche
eller (norwegisch): oder.

»zuflure«
zuflure (mdal.): verloren.
strebe (mdal.): Spreu.

mondschein
mondschein: alter Gasthof in Bruneck.
spuma: Getränk mit Kohlensäure.

in den pappeln die krah
krah (mdal.): Krähe.

stegener markt
koeschtnbrater (mdal.): Kastanienröster.
schneuztuchmanndl (mdal.): (Taschen)tuchverkäufer.

moidile, nannile, joggile, seppile, tresile: Maria, Anna, Jakob, Joseph, Theresia.

bitte um einen flora krah

flora: Paul Flora (geb. 1922), Tiroler Maler und Zeichner, Förderer Kasers.
krah (mdal.): vgl. in den pappeln…
aper: schneefrei.

roba scritta

fenice: Teatro La Fenice in Venedig.

austreibung

Bern an der Etsch ist der germanische Name Veronas.

de vita oswaldi von wolkenstein

Oswald von Wolkenstein (1377–1445), Südtiroler Dichter, Ritter, Minnesänger, Weltreisender.

beschneites land

Scopa ist ein italienisches Kartenspiel.

st. sebastian

hungerburg: Ortsteil von Innsbruck.

komischerweuse

erling: Freund Kasers in Norwegen.

til bergen

til Bergen (norwegisch): nach Bergen.
fra (norwegisch): aus.

alto adige

alto adige alto fragile: Wortspiel mit Südtirols italienischem Namen Alto Adige.
fragile (ital.): zerbrechlich.

vor kurzem erst

haspinger: Der Kapuzinerpater Joachim Haspinger war einer der bekanntesten Anführer des Tiroler Aufstandes von 1809.

endlich sappho

Der griechische Text ist ein Fragment aus dem 2. Buch der Lieder von Sappho: »… Liebe hat mir die Sinne vernebelt, wie ein Sturm in die Eichen des Bergwaldes fällt.«

IV ich bin allein
franco fortini: in Mailand lebender Lyriker und Übersetzer.

hymnus 2
dschang dji: Dichter im China des 8. Jahrhunderts.

hymnus 3
ofmcap: Ordo Fratrum Minorum Capucinorum.
non sposare mai una ragazza tedesca: heirate nie ein deutsches Mädchen.

hymnus 8
de todos los tiempos (span.): aller Zeiten

bad
quant'é bello il bagno cosí nudo!: Wie schön ist doch das Bad so nackt!

Briefe an Christian Alton
brev til christian (norweg.): Brief an Christian
SH: Südtiroler Hochschülerschaft
svp: Südtiroler Volkspartei
pasta al tonno: Nudeln mit Thunfisch.
karfiol (österr.): Blumenkohl.
schnoellen & treschetten: kartenspiele.
de duabus mulieribus...: Über zwei Mädchen, die von der Verkrüppelung der Gliedmaßen befreit wurden. Zur selben Zeit trat ein kleines Mädchen, das von Kindheit an in häßlicher Weise verkrüppelt war, geheilt aus der Kirche des Heiligen Olanus. Ebenso empfing ein Jahr später am Festtag des Heiligen Olanus ein anderes Mädchen dieselbe Gnade: ihre Sehnen waren kraftlos, und fünf Jahre lang waren ihre Knöchel mit ihren Hinterbacken verbunden gewesen. Im selben Jahr erhielt am selben Ort mit Namen Sticlastaeder eine Frau ihre Sehkraft zurück, deren Auge in ihrer Jugend von einem anderen Kind mit einem Messer verletzt worden war.
mit φροδε ισθ αυχ νιχτς ζου Φωλλεν: Mit Frode ist auch nichts zu wollen.
φολλ: voll.

Brief an Friedrich Unterer
metanoia (theol.): Buße.

Brief an Klaus Gasperi
bern an der etsch: vgl. austreibung.
permesso (ital.): Erlaubnis.
haymo: Kasers Hund.

Nachbemerkung

In Norbert Conrad Kasers Nachlaß fand sich ein Zettel, darauf hatte der junge Dichter den Spruch notiert »la poésie est dans la rue«. Daß sich Poesie auf der Straße finden ließe, war wohl Kasers erste poetische Maxime. Sie konnte sich ausleben in seinen Kalendern und Notizbüchern, worin er eintrug, was ihm gefiel. Wer die Düsternis des realen Lebens leid war, versuchte sich unterwegs. Wer Wahrheit über sein Leben erfahren wollte, mußte Lust haben, utopische und kollektive Welten zu denken. 1968 war der Südtiroler N. C. Kaser einundzwanzig Jahre alt. Viele junge europäische Schriftsteller, deutschsprachige zumal, liebten die unschuldige Haltung mancher nordamerikanischer Dichter der fünfziger und sechziger Jahre, die umherschweifend ihre Verse auf Postkarten, fliegende Blätter oder auf die Notizzettel ihrer Freunde schrieben und wenig Interesse zeigten, so schnell Literaturgeschichte zu werden. Kaser las fremdsprachige Literaturen, womöglich alles, was das Taschenbuchprogramm des Suhrkamp Verlags ab 1964 bot; er las nordamerikanische Dichter, darunter Robert Creely, den Meister reduzierter Sprache, und Charles Olsons spontane Dichtungen.
In einer Rede, die er 1969 vor der »Südtiroler Hochschülerschaft« in Brixen hielt, polemisierte Kaser gegen die Alten der Südtiroler Literatur, verwies auf den Mangel an guter literarischer Tradition. Volkstümliche, dem Volk sich anbiedernde Literatur war tonangebend, wie Kaser nachwies; nicht volkstümlich zu schreiben galt als Verrat an Südtirol noch mehr als an seiner Literatur. Die Kritik brachte ihm die »aechtung« seiner Person ein, war aber gleichermaßen Schuld, die

er auf sich laden mußte, um eine neue Südtiroler Literatur schreiben zu können: »Südtirol wird eine Literatur haben, wie gut, daß es niemand weiß. Amen.«
Südtirol, bis 1918 Teil des Habsburgerreiches, dann italienisch, Provinz unter Mussolini, bevormundet durch italienische Bürokratie, heute wirklich Südtirol und Alto Adige zugleich. Ein armes Land bis vor wenigen Jahrzehnten und immer gern besucht von Fremden, mit eminentem Einfluß der katholischen Kirche auf Erziehung und tägliches Leben, deutsch- und italienischsprachig, ohne Universität und seit den siebziger Jahren von höchster wirtschaftlicher Prosperität. Kaser hat diese Wirklichkeit in seinem Leben aufgehen lassen. Das hieß Ich sagen in einem Land, wo er im Grunde keine Achtung genoß und dem er nichts zugestand, hieß Austritt aus der Kirche, »da ich ein religioeser mensch bin«, und Eintritt in die Kommunistische Partei, hieß viel unterwegs zu sein. All dies mögliche Ausbrüche vor dem Zugriff der Südtiroler Autoritäten. Soweit war er ein Kind der sechziger Jahre. Kaser suchte eine Lebensalternative, sei es in Kontemplation als Kapuzinermönch (ähnlich dem damals populären nordamerikanischen Dichter Thomas Merton), sei es in Norwegen, dessen Landleben er während der Sommermonate 1970 erprobte, sei es als Lehrer in Südtirol. Den in Vergangenheit und Zukunft schauenden Januskopf, beliebter Anhänger in jenen Jahren und treffendes Symbol der »januskopfkultur« Südtirols, trug der hagere Dichter am Lederband um den Hals.
Als Neugeborenes wurde Norbert Kaser Pflegeeltern übergeben, zwei Jahre später kam er zur leiblichen Mutter und zum Stiefvater zurück. Seine Familie war ihm eine Riesenwelt des Unbehagens, erfüllt von Drohungen und Repression, wie er in manchen Briefen schrieb. Tanten, Eltern, Lehrer zwangen ihn zu ein-

wandfreier deutsch-südtiroler Identität, sie wollten einen ordentlichen Jungen Norbert Kaser. Bitterkeit und Schärfe im jugendlichen Wort fiel auf sie zurück. Denn Norbert Kaser begann sich zu verweigern, entzifferte mit Nicolas Borns »Ruhe auf dem Lande ist oft stille Wut« die subtile Bedrohlichkeit solchen Lebens. Bindungslosigkeit verhalf ihm endlich zur Flucht aus dem bindungsgierigen und starren Land, seine Gedichte trugen ihn fort.

Das Eingeständnis, daß nichts sich ereignen könnte im Leben, außer anders zu sein als die anderen, der Makel, unehelich geboren zu sein, abgeschoben in die Pflege durch Fremde, auch Schuldgefühl gegenüber Südtirol durch die Lust auf Heimatlosigkeit, die er beklagte, obgleich sie sein Lebenselixier war, waren Themen Kasers, als er seine ersten Gedichte in Hefte und Kalender schrieb. Folge dieser Themenlast war die Spaltung seines Werkes in einen poetischen Teil der Dichtung, der Prosa und der Briefe und in einen anderen politischer Gegenwelt, für die er später mit Glossen im deutschsprachigen Teil der Tageszeitung Alto Adige focht. Ungern kam Kaser politischen und ästhetischen Forderungen seiner Zeit nach, er lieferte keine stereotypen politisch-literarischen Texte für ein möglichst heterogenes Publikum, sondern schrieb entweder für wenige, gar nur potentielle Leser, poetische Texte oder für Zeitungsleser seine politischen Glossen und faktenbezogene Aufsätze.

Vergnügen fand er dabei, in die Welt des anderen einzudringen, mit seinem Gegenüber zeitgemäß dialektisch zu existieren. Seinem Wiener Freund Christian Alton führte er in seinen Norwegenbriefen Sehnsüchte, Poetiken, Ästhetiken, Lebensformen und Hoffnungslosigkeiten der sechziger Jahre vor. Man konnte sich durch ihn erfahren, sagte einmal die Berlinerin Rosemarie Judisch, die er während eines Kuraufent-

haltes in Bad Berka bei Weimar kennengelernt hatte. Dies könnte auch auf Kasers Bedeutung in der Südtiroler Literatur hin gesprochen sein, denn je mehr wir Abstand von Kaser gewinnen, desto deutlicher wird, wie sehr sich Literatur der Generation nach ihm durch ihn erfahren konnte. Vor Kaser gab es in Südtirol kaum deutschsprachige Literatur, die über das Land hinaus besondere Aufnahme fand; von Ausnahmen abgesehen, die kümmerlich oszillierten zwischen dem Minnesänger Oswald von Wolkenstein und dem in Berlin lebenden Franz Tumler. Niemals belastete Kaser seine Literatur mit Spekulationen zur Verbesserung Südtirols. Seinen Adepten und denen, die über ihn staunten, empfahl er sich durch seine Poesie und eine unabhängige Lebenshaltung gerade im elenden Leben.
Die Publikationsarten seines Werkes waren recht unterschiedlich, es gab Gelegenheiten, auch im Rundfunk, Texte vorzutragen. Zahlreiche Gedichte und Prosatexte konnte er in Literaturzeitschriften veröffentlichen. »troepfelweis sind die verse mein«, schrieb Kaser wenige Wochen vor seinem frühen Tod 1978 an Rosemarie Judisch. So schwierig war es für ihn in der Tat, seine eigenen Texte zu gewinnen. Die in seiner Wiener Zeit von 1967 bis 1970 entstandenen Sammlungen hat er selbst produziert. Die Texte wurden auf Durchschlägen geschrieben, dann gelocht, geklammert und mit einem kartonierten Umschlag versehen, die Auflage betrug nie über fünf Exemplare pro Sammlung. Ein Exemplar schenkte er demjenigen, dem die Sammlung gewidmet war, eines behielt er für sich und andere schickte er an Freunde. Als er später in Südtirol als Lehrer arbeitete, legte er persönlichen Briefen Hektographien und Durchschläge der Schulgeschichten, Fabeln und anderer Texte bei. Kasers wenige Leser, die Literatur in dieser Mappenform zugeschickt bekamen, wurden gleichzeitig zu Lektoren, zu

kritischsten Lesern, hielten sie doch ein Original in Händen. »wir koennten gemeinsam etwas herausgeben: illustrierte lyrik oder sowas der graphische teil waere dein –«, in einem Brief an Irmtraud Mair schlug Kaser einmal die gemeinsame Herstellung eines (dann aber nicht realisierten) Malerbuches vor. Schnell verflüchtigten sich die derart verbreiteten Texte, denn ihnen fehlte der beständige Charakter massenhaft reproduzierter Literatur. Kasers Gedichte, Prosa und Briefe wurden nie zu einem abgeschlossenen Buch, das Gesamtwerk erscheint als *work in progress*, vollendet mit offenem Ende. Sein Werk war auf Buchlosigkeit, auf Verbreitung durch den Dichter selbst hin angelegt. Deshalb gelangte seine Literatur auch nicht in den damals heftig kritisierten ökonomischen Zusammenhang des Literaturbetriebs. Beinahe alle Texte, die wir heute lesen können, waren nie dem korrigierenden Blick eines Verlagslektors ausgesetzt.

1975 sollte Kaser in einer psychiatrischen Anstalt in Verona von der Trunksucht befreit werden. Typisch für ein biographisches Repertoire des Andersseins in den siebziger Jahren war die psychotherapeutische Behandlung. Da sich seine Biographie in Literatur verwandelt hatte, konnte Kaser den hilfswilligen Rückschluß des Arztes von Biographie auf Krankheit so ernst nicht nehmen: »tut mir leid, aber meinem kopf fehlt einfach nichts«, antwortete der Dichter dem Arzt; dem nicht der Einfall kam, die Texte des Dichters zu befragen, um seinen Patienten besser kennenzulernen. Über ihren schlimmen Gegenstand sagt die Originalsprache demütigender Erziehung sehr viel weniger als die Dichtung; um wieviel kann denn auch die poetische Sprache mehr erzählen als ein Bericht über den täglichen Rapport an die Eltern. »Dieser Kopf hatte Vorkehrungen zu treffen, er hatte projektiv seinen Wahrnehmungshunger zu stillen, er hatte aber auch,

vom Neuen als Fluchtweg zurückkehrend in der Erinnerungsarbeit sich neue Fluchtwege und Fluchtbewegungen offenzuhalten in Sprache und Text«, schrieb der Südtiroler Germanist Elmar Locher über die poetischen Rückzugsmöglichkeiten in den Bau individueller und kollektiver Erinnerungen.
Invektiven wollte Kaser der offiziellen Südtiroler Sprache antun, indem er sie einfach nicht verwendete. Weil er deren durchtriebene, »verrückte« Rhetorik verachtete, verletzte sich seine Literatur nie an den Plattitüden eines volkstümlichen Sprachgebrauchs. Nur eine reflektierte, literarische Sprache gedachte er zur Verwendung im Kopf zu haben und von sich herzugeben. Wenn Bestechlichkeit und Deformierung der Sprache durch moralische Autoritäten wie Kirche oder Südtiroler Presse ein Ende hätte, dann, so war sich Kaser sicher, kämen Intellektualität und Ausdrucksreinheit in der Südtiroler Mundart wieder zum Vorschein. In seinem subjektiven Ton beförderte er niemals einen wie auch immer bestimmten moralischen Imperativ dieser Instanzen. Dialekt hätte dem Poetischen seiner Dichtung das Transzendieren genommen, solche Dichtung hätte sich in der Region verirrt, aus der ihr Urheber doch fliehen wollte. Kaser, als Dichter einer kleinen, regionalen Literatur, legte Wert auf »gutes deutsch«, wie er schrieb, ohne freilich selbst die süddeutsche Sprachfärbung zu verlassen. Damit hielt er sich die Option auf die Verwendung einer gereinigten Südtiroler Mundart offen, versuchte dahingehend sogar für seine Schüler eine Grammatik zu formulieren. Selten benutzte Kaser die italienische Sprache, sie war ihm fremde Nähe. Sein Blick auf die italienischen Mädchen in »erstkommunion oder die gewaltsame begegnung mit gott« (1975) verrät die Reflexion des Dreißigjährigen über verhaltenes, jungenhaftes Interesse an Italienischem und insgeheime Verehrung von

Pracht und Sentimentalität. Wenige Jahre früher schrieb Kaser »fanciulla romana« (»mädchen aus rom«), späte Verklärung jugendlicher Italiensehnsucht, er ließ Poesie in einer Gestimmtheit sprechen, die er im Deutschen nicht hören mochte, da ihm die Muttersprache in ihrer Ernsthaftigkeit doch zu nahe war. Mancher Grammatikfehler schlich sich in die italienischen Gedichte ein, verlieh ihnen den Klang anrührenden Mutes. Dieses Experiment betrieb er auch ohne wirkliche Sprachkenntnisse im Norwegischen, denn er fühlte sich im Fremden wohl.
Kaser maß seiner Korrespondenz den Rang einer literarischen Gattung zu. Die vorgenommene Literarisierung der meisten seiner Briefe war eine Konstruktion zur Umwandlung von Lebensschreibung und Dialog in poetische Prosa. In den Lyriksammlungen reflektieren sich Bilder und Themen der sechziger und siebziger Jahre, Szenen der Großstadt werden poetische Bilder, deren Einstellungen von einem Menschen des Landes vorgenommen sind. Ereignisse, Lektüren, Imaginationen, Empörungen, politisierte Lebensformen bilden sich auf dem Film des Südtiroler Kopfes ab. Ton und Sprachduktus lassen vernehmen, wohin der Dichter die Bilder ausgesandt hat: zurück nach Südtirol, zu Lesern, die er sich vorstellte. Kaser hätte in den siebziger Jahren auch weiterschreiben können in den etwas plakativen Stimmungen der »klampflaute...«, dieses poetische Experiment reichte gerade für die Wiener Zeit. Denn wichtig war dem Unsteten der Wechsel von Gattungen, Themen und poetischen Verfahren. In der Prosa griff Kaser auf Sagenmotive zurück (z.B. in »die koechin eines pfarrers«), die vom offiziellen Südtirol entweder vergessen oder zu Urigkeit verballhornt wurden. »die gans«, »karapoff« oder »eine kuh« sind Texte, die er für seine Schüler verfaßte. Die Aufnahme von Fabelmotiven des russischen

Dichters Ivan Krylov (1769–1844) griff in politische Sphären ein, »der einsiedler und der baer«, in Weimar geschrieben, erzählt über das Verhältnis der DDR zur Sowjetunion. Kaser inszenierte gerne poetische Aktionen. Der erste Schritt war die unbedingte Kleinschreibung, die er um 1967 mit den Versen »wie anderswo/um die großschreibung steht es schlimm« einführte. Mit dieser Eigenart als Südtiroler wurde Kaser zum italienischen »welschen« Dichter und markierte zugleich sein Zuhause im Kontext der Dichtung der sechziger Jahre. Zweiter Schritt war die Verwandlung von Wirklichkeit in Aktionen des Fiktiven; in »gaenseklein:«, einem 1977 in Südtirol entstandenen Gedicht, wird im Ton einer Aktionsanweisung der Mantel des Heiligen mit den Innereien einer Gans, dem traditionellen Gericht des Martinstages, durch den Fleischwolf gedreht. Eine Metapher für das Zerlegen, gar Zerbrechen von Sprache und für den vorläufigen Abschied von der Schrift, vom Dichter als unbedingte kulturelle Purgierung vorgeführt. »Um die Weihe von den Traditionen zu nehmen, damit der Dichter mit ihnen wieder existieren und arbeiten kann«, beschrieb Benedikt Sauer die Hinwendung des Südtirolers zu Stoffen der Volkskultur; Liebe zu ihr bewies Kaser erst durch die rituelle Tötung des heiligen Mantels und der Gans. Kaum etwas hat in den siebziger Jahren größere Auseinandersetzung mit solchen Themen initiiert als die Veranstaltungen des Wiener Aktionismus, mit denen Künstler versuchten, von der Gesellschaft verhängte Tabus aufzuheben. Intuitive Gesten und rituelle Handlungen beherrschten diese Aktionen; mit »wer's macht/der kann's« signierte Kaser »gaenseklein:«, Verweis auf seine Poetik, die sich zum Gedicht machte, was andere auf der Straße, im Volk, liegen ließen.

»in der dichte des gestruepps aus wort« klingt Kasers

Dichtung der Kargheit, ein leptosomer Typ war er auch in der Sprache. Im Nachlaß fand sich kein Fragment einer Erzählung oder eines Romans. Wie schwer hätte er auch an solch einem Vorhaben getragen. Der Dichter mußte sich beweglich halten, mit seinen Texten sich zum Überleben disziplinieren. In Prosa, Poesie und Briefen hat Kaser sich so ausdrücken können, daß er sich als lebendig bezeichnen konnte.

Christian Pixis

Editorische Notiz

Die Auswahl der Gedichte wurde chronologisch von den letzten Gedichten zurück zu den dichterischen Anfängen von Kasers geordnet. Diese Ordnung hat auch Sigurd P. Scheichl in der Haymon-Ausgabe 1988 vorgenommen.
Ausgewählte Gedichte aus den von Kaser selbst zusammengestellten Sammlungen wurden grundsätzlich im jeweiligen Zusammenhang belassen. Das Gedicht »scherzo 11« wurde aus Gründen der Übersichtlichkeit in die »Sammlung ohne Titel« aufgenommen, obwohl es erst 1972 entstanden ist.
Die in Norwegen geschriebenen Brieftexte, an Christian Alton in Wien gerichtet, sind vollständig abgedruckt.
Wichtige Hinweise für das Glossar verdankt der Herausgeber den »Lesehilfen« von Benedikt Sauer u. a. in der Innsbrucker Gesamtausgabe.
Das Porträtfoto des Autors entstand am 11.4.1978 bei einer Lesung in der Alten Schmiede, Wien. Fotografin: Hannelore Bachheimer.

Inhalt

LYRIK

Lyrik aus den Sammlungen

klampflaute aus der dusteren provinz & weltstadt